「老人ホームの暮らし３６５日」第二弾——まえがきにかえて

前著「老人ホームの暮らし３６５日——住人がつづった有料老人ホームの春夏秋冬」は予想以上に多くの人に読んでいただいた。

当初は、少数の特定の読者に手に取ってもらえるのであろうと想像していた。ところが、案に相違してたくさんの方に読んでいただき重版もした。いまだに新しい読者からの問い合わせが跡をたたない。ありがたいことだと感謝している。入居を希望している人のみならず、老齢者は老人ホームの暮らしについて興味を持っていることがわかった。

第二弾として本書を刊行した。

前著は、入居一年目の物珍しさから、見たまま、感じたままを本にした。老人ホームでの行事や遊びを私の感想をまじえて紹介した。

前著の前半部として、入居を決意した経緯《いきさつ》やら、老人ホームに対する考え方、家具の処分、蔵書の処分など引っ越しの苦労話なども盛り込んだ。読者の声として、その辺も大変参考になったとおほめをいただいた。

第二弾としての本書は、前著に寄せられた読者の質問や反響から、多くの人がどんなことを知りたがっているかをピックアップして10のポイントを決めた。前著と本書を合わせて読むことで、有料老人ホームのことはほぼ理解できるのではと自負している。


私は現在老舗《しにせ》の老人ホームに入居している。経営母体は財団で、老人ホーム経営に乗り出して約四十三年の実績を有している。財団は全国に七施設を経営しているが、私はその中の伊豆高原にある「伊豆高原ゆうゆうの里」に入居している。伊豆高原の施設も、平成二十七年現在、三十六周年を迎えた。

私は平成二十七年七月現在で入居はまる三年になる。三年という月日は入居者としては、まだまだ新参者である。入居者の中には創設と同時に入居して、三十六年間、元気で暮らしている人もいる。

長く暮らしている人の視点は、私と異なる点は多々あるかもしれない。それとなく、先輩諸兄姉に日常的な生活パターンや考え方を訊いて参考にしたつもりだ。

私は四十年間の長きに渡って、文章職人として暮らしてきたので、文章を作ることは苦にならないが、おそらく後何年か経つと肉体的、頭脳的な劣化はまぬがれないと思う。その時までに別な視点で老人ホームの暮らしが見えてきたら、再び筆を執るつもりではあるが、もう、明日のわが身がわからない年齢に達した。八十七歳まで元気なら、「老人ホーム入居十年のつれづれ日記」を執筆したいと考えている。

前著と本書の違いは、前著は何もわからずに好奇心で執筆したのに対し、本書は読者が何を求めて本書のような本を手に取るのかはっきりとわかって、それに応えるつもりで筆を進めた。老人ホームに入居するための手引書としての実用性という点で、前著よりは、はるかに役に立つのではとうぬぼれている。そこまで書き込まなくてもいいのではないかと思われる点まで細かく書いたつもりだ。

前著「老人ホームの暮らし 365 日」

前著のときも断ったように老人ホームのマイナス面については一切ふれていない。入居の心づもりのある人に、老人ホームのマイナス面を知らせてみたところで大した益にならないだろう。老人ホームの意義が失われるようなマイナス面があるのなら、私は本書のような著書を執筆しなかったと思う。また、私がマイナスと感じたことが老人ホーム住人がマイナスと感じるかどうかは疑問である。いっそのこと老人ホームのマイナス面はふれずにおくことにした。

老人ホームはピンからキリまでたくさん存在する。経営者の老人福祉に対する理念によって老人ホームの運営が微妙に異なるのは当然である。入居者の知恵でどのように住みよい老人ホームを選択するかということである。

私は伊豆半島の国定公園の中にある老人ホームに入居しているが、どのような老人ホームにも基本的には当てはまるようにできるだけ普遍的な視点で論ずるようにした。すなわちどの老人ホームにも共通する10のポイントということだ。

行事や食事に関する記述に、前著と類似した箇所があることをお断わりしておく。執筆の方針として、前著を読まない人も考慮しなければならない。それで重複する部分が出てくるわけである。

本書が老人ホームの選択と決定に貴重な一助となれば、著者としてこの上ない喜びである。本書の執筆と刊行にあたり、多くの人より過分な好意と貴重な提言をちょうだいした。改めて深甚の謝意を表するものである。

平成二十七年六月吉日

菅野国春しるす

老人ホームのそこが知りたい

有料老人ホームの入居者がつづった暮らしの10章

◉ 目次

第一章

入居を決めるまで

第二章

老人ホームの暮らしの真相

第五章

趣味の同好会

第十章

上手に暮らす心の持ち方

第一章

入居を決めるまで

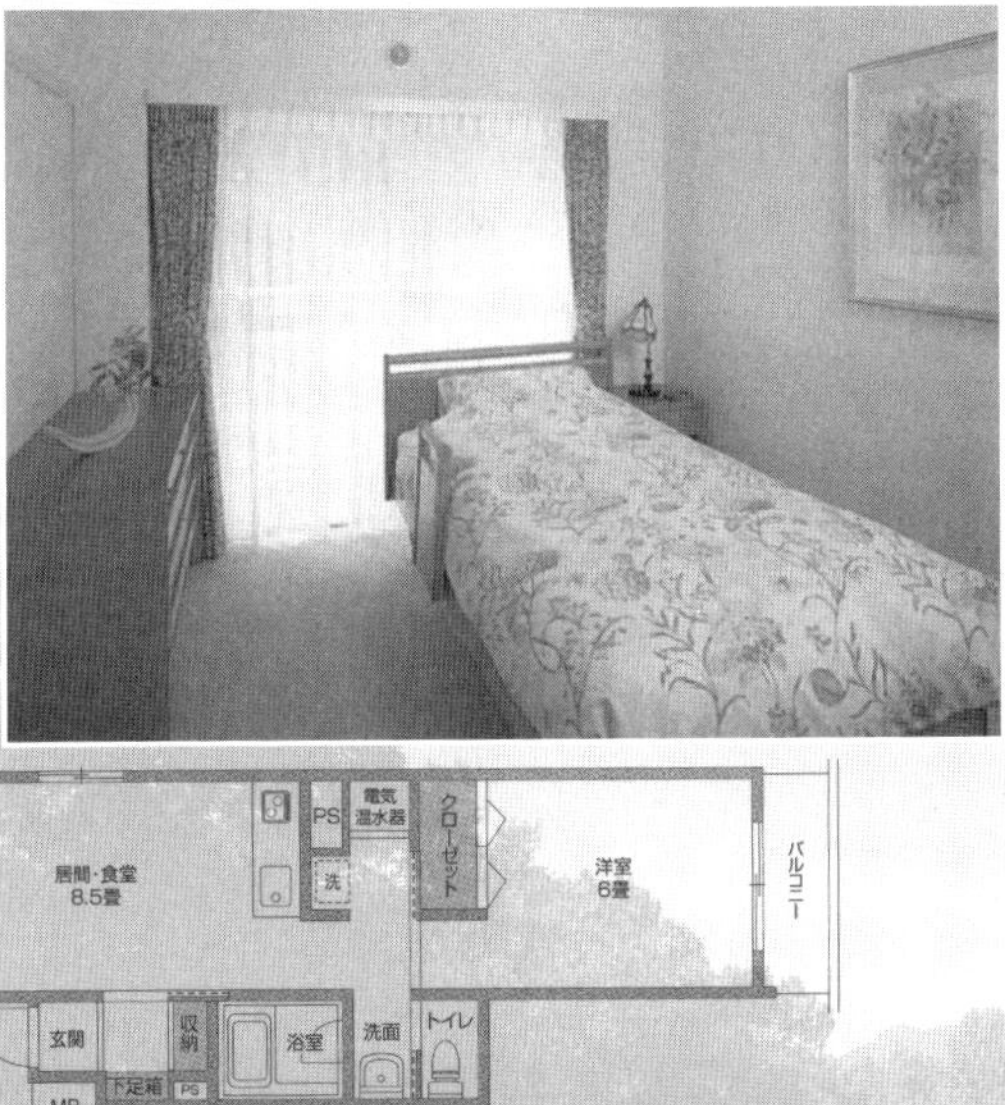

伊豆高原ゆうゆうの里　一般居室（Bタイプ）の例

終末の選択肢

老いて死んでいくという現実は誰も避けては通れない。銀幕の大スターも、大企業の社長もこの厳粛な自然の掟に背くことはできない。

私は、自分が老いるのは先の話だと考えていたが、気がついてみると老いの真っ只中に立っていた。相当に愚かな話である。後期高齢者の烙印を捺されて、初めてわが老いも後期に入っていることを納得させられたのである。

今でこそ老人の自覚がなかったなどと勝手なことを言っているが、正直なところ、若いときは七十歳まで生きられないだろうと考えていた。若いときは酒と煙草と放蕩で、相当に不摂生な生活を続けていたのだから、私自身、長寿ということは考えにくかった。ところが、案に相違して、後期高齢者のボーダーラインを越えてしまったのである。

早死にならば、自分の死にざまについて心配しなくてもいいわけだが、七十歳も半ばを過ぎたら、一応たしなみとして、わが終末に道筋をつけておくべきだろう。

偉そうなことを言っているが、実は、私自身はそれほど明確な終末のビジョンを描いていたわけではない。

私は、相当に楽観的な人間であるが、それでも、七十歳を過ぎてからは、時折、ふとそれらしき感慨が脳裏をよぎることはあった。しかし、それほど深刻な思いとして受け止めていたわけではなく、そんなときに漠然と考える答えは、成り行きにまかせての自爆ということだった。

しかし、自爆もいろいろな問題を抱えている。死んだことを気づかれることもなく、死臭を発して近所に迷惑をかけるのも不本意である。また、老残の身でガスや火を使って火事でも起こしたら、死臭の迷惑どころではない。

老衰か病気で、私が倒れたとき、発見した人はまさか見殺しにするわけにもいかないだろう。私には家内も娘もいるが、身内にしろ他人にしろ、終末の処置は周囲の人にゆだねなければならない。家族がいる場合、その始末は家族が負わなければならないが、迷惑をかける本人にすれば、厳密にいえば、身内に迷惑をかけるのも他人に迷惑をかけるのも、なるべくなら最小限にしたい。どうせ死に行く身であるから、後は野となれ山となれというわけにはいかない。

私は自分の家で倒れ、自分の家で死んでいきたいと思ったが、それにもまたいろいろな条件があって簡単に決めるというわけにはいかない。そのまま自宅に住み続けるにしても、家のリフォームも考えなければならない。リフォームだけでは中途半端で、場合によっては、新築建て替えという場合だってあるだろう。年寄りが住むなら二階は不要で、バリアフリーということも考慮しなければならないかもしれない。いろいろ考えると住み続けるというのも問題が山積している。

私の知人の例でいえば、自宅を終末の拠り所にしている人で子供のいる人は、たいていは「二所帯住宅」を選択している。二所帯住宅については説明の要はないと思うが、子供、あるいは子供の家族と共同の住宅に住むということだ。同じ建物に住んで、いざというときに世話をしてもらうというのが目的である。

二所帯住宅のよく見られるパターンとしては、土地は親が提供し、子供が建物を建てたり、建築費の大半は親が負担し、ローンの返済を子供が受け持つなどという例もある。食事も風呂も一緒という例もあるが、食事は別、風呂だけが共同、食事も風呂も玄関も別という例も結構多い。建物のどこかに二所帯をつなぐドアが設けられていて、いざ緊急のときはこのドアを開閉して行き来するわけだ。

年寄りにとって二所帯住宅はある程度安心の形だが、共稼ぎの息子夫婦に孫の子守を押しつけられ、へとへとに疲れ果てたとこぼす人もいる。中には、保育園の送り迎えが老人夫婦の役目という例もあった。老人に終末の来る日までは、二所帯住宅は子供たちのほうにより大きなメリットがあるのかもしれない。ところが、動けなくなったら介護をしてもらおうと思って二所帯住宅を建てたのに、動けなくなったら、途端に施設に入れられてしまったと忿懣をぶちまける人もいる。家で終末を迎えたかったのに、動けなくなったら早々に施設に入れられた例もあり、本人は子供に騙されたと悔しがっている。

ところが逆の話もある。動けなくなったらすぐに施設に入れてもらおうと考えていたのに、空きがないため、施設に受け入れてもらえず、不本意ながら家族の世話になっているという人もいた。その人はどこでも文句は言わないから早く施設に入りたいのだが、右から左に荷物を移動するようにすんなりとはことが運ばない。

倒れてからの始末は、多くの場合家族任せということになる。寝たきりになってから、自分の希望を家族に聞き届けてもらえるとは限らない。どんな施設に押し込まれても文句は言えない。どんな施設でも不平は言わないということなら問題はないのだが、体は寝たきりだが、頭はしっかりしていて、入れられた老人ホームが気にくわないと不満を言っている例もある。「まったく相談無しに自分をこんなところに入れてけしからん」と、本人は子供たちを恨んでいる。

どのように終末のわが身を処するのか、それほど沢山の選択肢があるわけではないが、考えると憂鬱になってくる。

私個人としての思い

前著（老人ホームの暮らし３６５日）にも書いたのだが、私は終末は成り行き任せの自爆を考えていた。

娘が一人いるが、娘に介護を頼む気は最初からなかった。娘の生活を親の介護で乱すことは不本意であった。年老いても、この便利な世の中、暮らし難《にく》いということもあるまいと高をくっていた。私は老後を割に楽観的に考えていたのである。その頃は体も元気であったし、物事を成り行きでとらえる生来（呑気というか、いい加減というか）の性格が、老後の現実をあまり深刻にとらえていなかった。

食事については、多種多様のコンビニの弁当やお握り、総菜の買い食いで十分に命をつなぐことはできると考えていた。

いよいよ動けなくなったら、プロの介護師に自宅に通ってもらって世話をしてもらえばいいではないかと考えていた。

老いるにつれて身辺を二重、三重に取り巻くさまざまなハードルができるのだが、どうしても痛切に実感することはできなかった。

中には若いときから、やがて到来する老いの日々を予測して、それなりの対策を立てている聡明な人もいるのかもしれない。が、大方は実際に老いてみて、はたと気がつくという人が多いのではないだろうか。

愚昧さにかけては人後に落ちない私は、七十歳に足を踏み入れるまで、老いのために具体的に対策を講ずるという殊勝な心がけは持ち合わせてはいなかった。

どこかに日本という社会や日本人に対して、信頼に似た思いを持っていて、年とって動けなくなった人間を、よもや見殺しにすることはあるまいという、甘ったれた思いを根底には持っていた。自爆をするにしても、当然ながら娘もいることだし、多少の迷惑をかけることにはなるであろうが、最後の最後にはそれだけは頼るしかないと思っていた。

私個人としては老人ホームへの入居については明確な意識というものはなかった。無知というわけではない。老人ホームの知識は人並み以上には持っていた。若いときに雑誌記者の一時期があって、老人ホームについての記事を何度か書いている。実際に取材もし、どんなシステムで運営されているかなどの知識は持っていた。何十年も前の知識ではあるが、基本的なことがらについてはわきまえていた。しかし、それゆえに自分の終末の手段の一つにしようということにはならなかった。

私の場合、意識としてはあくまでも、成り行き任せの自爆であった。多くの高齢者男性に訊いても、私と同じような成り行き任せの自爆を考えている人は割に多かった。

愚昧な私にしては上出来なのは、多少の小金《こがね》は持っていなければ老後を安心して暮らせないぞということを考えていたことだった。考えてみれば、その心ばえは常識であり、取り立てて感心するような考えではない。

私は無名の売文家であり、いただける年金の額も人さまよりは少ない。ゆえに心して老後資金を蓄えなければならないという覚悟はあった。遅きに失した自覚であったが、それで、なりふりかまわず雑文・駄文の叩き売りに精を出したわけである。カネさえあれば、年をとっても何とかなるのではないかという短絡的な思考のためでもある。

わが家の事情

老人ホームに入居することになったのは家内の意向である。老人ホームに入居の意志を持っていることを家内に知らされたのは、私が後期高齢者のボーダーラインを越えようとしていた辺りではなかったかと思う。

家内からその意向を聞いたときに、私はかねてからの自説である自爆説を家内に説いて、入居には反対であることを意思表示した。七十五歳当時、私は物書きとして現役であった。全盛期には及ばないものの原稿料もそこそこに頂戴していて、世間はどう見ていたかはともかく、本人としては現役のつもりだった。そんなこともあり、私は老人ホームへの入居についてはあまり熱心には考えていなかった。

家内も多少は逡巡《しゅんじゅん》していたはずだが、それでも老人ホームへの入居に傾いていったのは、家内自身の腰痛が激しくなったためでもある。家内は毎日の三食の炊事が辛くなったのである。

腰痛は自爆以前の問題である。自爆までとても持たないということである。仮に自宅にこのまま居座るにしても、築三十年の自宅は徹底的な手直しが必要だと家内は言った。家内にしてみると、私のように、あばら家に住み続けて一向に痛痒を感じないというわけにもいかなかったらしい。

それに、若いときから自分の好き勝手な生き方を貫き通してきた私にとって、罪滅ぼしの意味でも、家内の老人ホーム入居希望に強く反対のできる立場ではなかった。せめて先が短くなった老後の生き方ぐらい家内の思うようにさせてやりたいという考えが私にはあった。かくして老人ホーム入居への路線が確定したのである。

家内が老人ホームにこだわったのは、必ずしも腰痛だけが原因ではないだろう。私が倒れた場合、あるいは自分が倒れた場合の介護の不安もあったに違いない。私は一方的に自爆などと言っているが、自分が倒れた場合、介護の労を引き受けるのは妻である。腰痛持ちの家内では体の大きな私の介護は到底無理な話である。

また、私が先に倒れるとは限らない。二つの年齢差ではどちらが先に倒れるか判らない。もし妻が先に倒れた場合、私が介護しなければならないのだが、おそらく妻は私の介護に全く信頼を寄せていないのである。私もまた、妻を介護する自信はない。妻には、自爆などと偉そうなことを言っているが、私が先に倒れたらどうしてくれるの？　という思いもあったに違いない。

妻は、老人ホーム入居に対して日毎に思い入れが強くなっていった。約二年間、家内は幾つかの老人ホームを打診したり、見学したり、体験入居をして現在の老人ホームを選んだ。体験入居というのは、老人ホームに一泊ないしは二泊してみて住み心地を確かめるわけである。どの老人ホームでも実施している。

仕事の整理、人間関係の決別、住み慣れた土地を捨てる決心、身辺整理、家の売買、分けても膨大な書籍や家具の整理には苦労した。引っ越すとなると、さまざまな問題が噴出した。このくだりは、前著「老人ホームの暮らし３６５日」（展望社刊）に詳しくしるしたので割愛する。

ホームを選ぶポイント

私が入居したのは自立型有料老人ホームである。自立型のホームというのは元気な間に入居して、介護が必要になったら、そのホームで介護を受けるというシステムである。本書で取り上げようとしているのは、まさに「自立型有料老人ホーム」の暮らしの10のポイントである。

昔、私が老人ホームを取材したと言っても、それは四十数年前のことで、以来、老人ホームは進化し続けている。システムもポリシーも時代の流れにしたがって確実に変化しているのは当然だ。私が昔取材した老人ホームの知識は、現在のホームを紹介するためには、あまり役に立ちそうもなかった。ちなみに、今、私が入居している老人ホームは三十六年前に開設されている。

ホームを選ぶポイントは人によって微妙な違いはあるだろう。その中でも共通して重要視されるのは「入居金」であろう。

自分の求めている老人ホームのイメージに適合していても、価格が予想以上に高ければ腰が引けてしまうのは当然である。

老人ホームの入居金は上は「億」を超える高価なものから、下は入居金がゼロというものもある。入居の一時金がゼロの場合、当然のことだが、入居後の必要経費が割高になる。入居金がゼロであるのに、入居後の経費がそれほど高額ではないというところは、サービスの質が劣ると考えたほうがいい。

老人の生活をサポートしたり、介護したりする仕事は、ともすれば安かろう悪かろうになりがちである。逆の言い方をするなら、安物買いの銭失《ぜに》いということにもなりかねない。安いというだけで飛びつくのは危険である。支払う金額が少ないと、サービスを提供する側は、どうしても手抜きをせざるを得ない。

もちろん高かろう悪かろうというところは論外である。満足のいく老後を過ごすためにはある程度のコストは覚悟しなければならない。安いところは、例外は別として、サポートの質が落ちるところが多い。施設が不誠実というより、コストが低いのだから仕方がないのだ。自分の支払い可能な範囲の老人ホームで、どんなサービスが受けられるか、入居する前に心してチェックしてみるべきだ。

前述のように、入居金は上をみたらきりがない。一流ホテル並みのサービスを売りにしているところもある。高級ゆえに、あまりにも格式ばっていて、いつも他所《よそ》行きの顔をしていなければならないので肩が凝るというわけで、せっかく支払った億近い金の大半を無駄にして退去し、ややランクの低いホームに住み替えたという人もいる。

無名の三文作家である小生にとって、最初から最高級ホームは眼中になかった。しかし、中には我こそは金満家のセレブなりと考える人もいるだろう。そのような人は最高級ホームへの入居を検討してみるのも悪くはないだろう。最高級ホームは、最高のサービスを受けられるはずである。ただ、人間の満足感は個人差があったり、ホームとの微妙な相性もあり、価格と満足度のバランスで釣合いが取れるかどうかということになると、絶対ということはない。また、まれに高かろう悪かろうという例もないわけではない。

同一のホームの中でも、部屋の大きさによって入居金が違ってくる。私の入っている老人ホームには1K、1DKが二種、2DKの四つのタイプがある。それぞれ価格が違うのは当然である。

入居金については第七章の「老人ホームの経済学」で再度述べることにする。

入居者は独身者か夫婦、姉妹、まれに親子という組合せもある。いずれにしろ、私の知る限り、独身者か複数者（多くは夫婦）である。独身者なら1K、1DKで十分であろう。入居者を観察していると、1Kの部屋でも、きれいにシンプルに暮らしている人が多い。

入居を決める鍵になるのは、入居金以外では、食事と施設の特徴である。どんな食事が提供されているかということと、どんなサービスのシステムによって運営されているかということが決め手となる。食事については第三章の「老人ホームの食生活」で論じることにする。

「まえがき」でも述べたように、私は「伊豆高原ゆうゆうの里」という老人ホームに入居

●施設　部屋タイプ（一例）

1Kタイプ

1DKタイプ

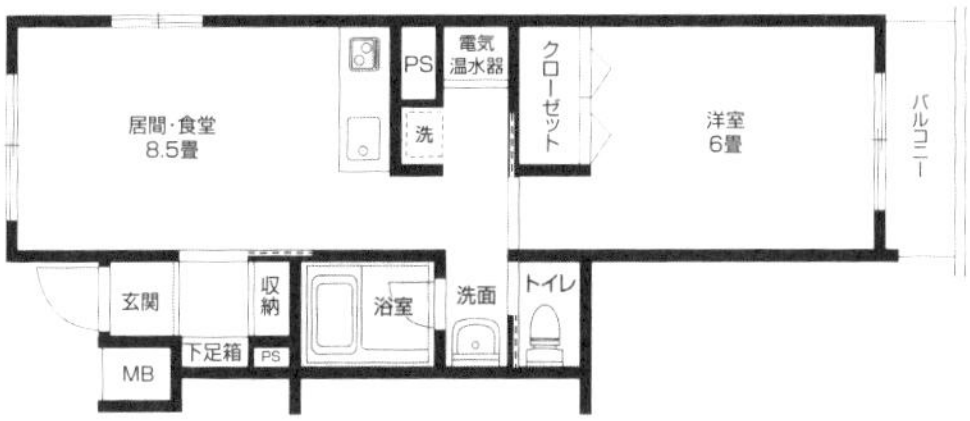

2DKタイプ

しているが、私がこのホームを選んだのは、大浴場が「温泉」だったからである。風呂が温泉というのが私の選択の重要なポイントだった。

それに対し、家内はゆうゆうの里の千葉県の「佐倉」と「伊豆高原」の二つに絞って迷っていた。家内は佐倉には室内プールがあることで魅力を感じていたようであった。このように、ホームにある施設の特徴が選択を左右する場合もある。

その他に選択のポイントになるのは、環境と交通のアクセスの利便性である。

私は仕事を抱えていたので、老人ホームは、都内か横浜辺りも視野に入れて探した。仕事先のほとんどが東京都内だったからである。当時、私はＪＲの横浜線、あるいは京王電鉄の相模原線の「橋本駅」が最寄り駅である神奈川県の相模原市に住んでいた。同地に三十年以上も住んで仕事を続けていたので、老人ホームも横浜辺りか、もしくは都内が便利だと考えていた。

仕事を完全リタイアしている人でも、子供や孫とときどき会いたいということになると、あまり辺鄙で不便なところでは困るわけだ。そのような人は老人ホームの選択は交通のアクセスについて考慮するということになる。

ただ便利だからといって、都心の老人ホームは騒音や排気ガスなど、環境面で多少の問題があるし、空気のよい郊外のホームで、行き届いたサービスで運営しているところは、驚くほど入居金が高かったりする。

私はいろいろ勘案して結果的に、ゆうゆうの里の《佐倉》と《伊豆高原》の二カ所に絞った。私の場合、伊豆高原を選んだのは、所在地が伊豆半島の国定公園の中にあり、大浴場が温泉というところが決定のポイントだった。

老人ホームの所在地を伊豆高原だと言うと「素敵なところに入ったのね」と感心する人が多い。確かに高原という言葉にはロマンチックな響きがある。私も終の住処《すみか》としては悪くはないなと思ったのである。

入居のための15のチェック項目

――入居を決定する前にこれだけはチェックしてみよう――

1 入居の一時金

一番に考慮するのは入居の際の一時金である。自分の預金額、整理すべき不動産、金券などの合計と一時金の支出のバランスを考える。手元に残す現金はどのくらいになるか考慮して入居を決める。

2 日常の経費

施設側に毎月納める管理費、必要経費はどのくらいかかるかをチェックして、手持ち預金や年金などで収支が釣り合うか判断する。

3 運営会社のポリシー

ホームを運営する経営母体はどのようなポリシーを持って老人福祉に向かい合っているかを知ること。

4 運営会社の経営状態

運営会社の経営状態を知ることは大切。入居はしたものの、倒産でもしたら大変である。高額の一時金を払うわけだから決算書を見せてもらうことはできる。ホーム側が、経営状態を隠すようなら要注意である。

5 経営母体

しっかりした老人ホームには、キリスト教系の病院や、生命保険会社、地方自治体、大企業などが経営にタッチしている場合が多い。大資本や大きな組織が関わっていれば、比較的安心といえるだろう。

6 開設の歴史

新しく事業に参画した企業でも優良なところもあるが、やはり、古い歴史を持っているほうが、運営のノウハウなどに優れたものをもっている。そういう意味で老舗のホームは安心である。比較するときの一つのポイントになる。

7 食生活への配慮

老人ホームの暮らしの楽しみの一つは食生活である。施設側はどの程度食事に配慮し、提供されているのかは、重要なチェック項目である。

8 居住空間

どんなところに住むのか契約のときまでにはっきりとイメージとして持っていたほうがいい。大きさのタイプによって入居金の額が違うのは当然だが、広いとか狭いとかいうより、入居者の身になって居室が設計されているかどうかがチェックの対象となる。事前に泊まってみて結論を出すことだ。

9 共用のスペース

居住者が楽しく利用できる共用のスペースが、ある程度配慮して設計されているかどうかもチェックポイントになる。共用施設が狭苦しく、雑であるのは、無理をして老人福祉に参入してきたことを疑わせる。

10

特別施設の有無

私は風呂が温泉であることを入居の大きなポイントにした。このように施設の売りになるものの有無も選択の大きな鍵となる。室内プールなど、他にどんな売りがあるかなどもチェックしてみたい。

11

医療の対応

高齢になると、健康への不安は切実なものがある。医療に対してどんな対応をしているかチェックしたい。施設内に医療機関があることが最高の評価だが、ない場合でも、外部の医療機関とどの程度緊密に連携されているかなど、重要なチェック項目となる。

12

介護システムの充実度

自立型老人ホームも究極はプロの手による介護を受けることを目的に入居するわけである。介護のシステムやマニュアルがしっかりしていることが、老人ホームの一大特色でなければならない。

13 交通のアクセス

老人ホームに入居したら、あまり出歩くこともないだろうが、子供や孫が訪ねて来るためには便利なほうがいい。一応、近親者との接触のために交通の利便性もチェック項目の一つと考えていい。

14 立地条件

入居した後、老人ホームの近隣を散策したり、小旅行をしたりするために、自分の入居希望の老人ホームの地勢や風土について、一応考慮しておくべきである。

15 ホームの年間スケジュール

老人ホームの年間スケジュールを事前にチェックしてみることで、ホーム側の入居者に対する接し方が見えてくる。遊び、記念日、行事などが細かく実施されているところは、入居者への関心が強く、温かみのあるホームである。

第二章

老人ホームの暮らしの真相

夏祭りのイベントの様子
（和太鼓の演奏／盆踊り）

老人ホームとはどんなところか

老人ホームを深く知らないときは、何となく暗いイメージを抱いていた。見学や体験入居で訪れたときも、車椅子の人がいたり、動作の遅い老人が歩いていて、自分の年齢を棚に上げて、ああ、自分もこの人たちの世界に入っていくのだという思いを、ある種の寂寥感を持って受け止めた。一般社会から特殊社会に入るのだという思いである。

特殊社会と言ったところで、老人ホームは、この世のすべての人がたどらなければならない「老い」という道筋を歩む人たちが身を寄せあって暮らす集落である。そういう意味では特別な人間がいるわけではなく、全ての住人が老人というだけの話である。

私が入居した平成二十四年時点では、六十歳以上が入居年齢であったが、平成二十七年より、六十五歳以上に入居年齢が引き上げられた。一般社会の企業の定年延長の趨勢《すうせい》に老人ホームもならっているわけだ。

前著「老人ホームの暮らし３６５日」でも書いたが、私が老人ホームに入ることになったとき、私の周囲の人たちのリアクションが幾つかあったのだが、主な意見は二つだった。私が老人ホームに入ろうと考えたのは七十五歳だった。私は仕事の上で現役だったので（本人が現役と自負していたので）、一つは「まだ、老人ホームに入るのは早すぎるのでは」という意見であり、もう一つは「今まで頑張ってきたのだから、この辺が区切りとしていいかもしれませんね」という反響だった。どちらの意見もビジネスに絡んでいた人の意見で、老人ホームというのは、仕事を切り上げて後に入るところだと大方の人は考えているようだった。

確かに老人ホームは殺伐としたビジネスの世界とは相容れない場所である。あちら社会での仕事をやり遂げた人が、余生を送るにふさわしい場所なのだ。すなわち、ビジネス社会から解放されて悠々自適に暮らす場所が老人ホームなのである。私のように仕事を抱えての老人ホームの入居は無粋きわまりない話である。

もちろんビジネスに関わりない仕事、すなわちライフワークを完成させようとか、趣味の生き方を追求しようということならそれはそれで大変結構な場所である。

老人ホームの外の社会はいわば産業社会である。産業社会は言うまでもなくビジネスの社会である。絶えず創造がくり返され、労働によって「物」が生産され、その生み出された「商品」は消費され、市場が活性して、人間の営みがくり返されていくのである。目まぐるしく躍動する産業社会には、富や名声や権力が横行する。

老人ホームはそのような殺伐とした産業社会から抜け出して、やがて終末を迎える自分の居場所を求めて老人たちが集まってくるところである。

名声も権力も老いの姿には似つかわしくない。老人ホームの住人には過去の栄光は意味をなさない。老人ホームに入るということは名声も権力もきれいさっぱり捨てて名もなき一人の老人として晩年を生きるということである。

ホームの住人が求めるものは、静かな日々であり、そしてその果てに、わが身を照らす美しい落日だけが必要なのである。

老人ホームの一日

老人ホームといったところで、自立型老人ホームは健康で長生きをすることをめざして入居するのである。老人の里といえど、死に急ぐ場所ではない。最後の最後まで人間としての尊厳を失わず、意欲的に生きることを目標にして生活を送るところである。

基本的には一般社会の暮らし方と大きく違うわけではない。ただ、あちら社会は、産業社会であり、生産や消費に焦点を合わせて組み立てられており、必ずしも弱者に住みよい社会とはいえない。老人のような弱者は肩身の狭い思いをしなければならないことだってある。若者が優先席にふんぞりかえっているのも腹立たしいが、さりとて席を譲られるのも恐縮である。視力が衰えるのも、耳が遠くなるのも本人としては肩身が狭い。エスカレーターのない階段では息切れが激しくなる。

老人ホームは個人差があるものの、同じような弱点を抱えた人が集まっているわけだから、自分の弱みを恥ずかしがることもなければ、劣等感を抱くこともない。

産業社会のようにラッシュアワーもない。タイムレコーダーもない。作業開始のベルが鳴るわけでもない。それでも時間は平等に流れる。あちらの暮らしと同じように、老人だけが暮らす老人社会の一日が始まり、老人社会の一日が終わる。

老人の目覚めは早いといわれるが、これも個人差があり、寝坊の人もいる。朝が早い人は四時頃に起床して散歩を日課としている。中には不眠を訴える人もいる。遅くまでテレビを観ていて、朝寝坊をしたという人もいる。

私の入居している老人ホームの朝食は七時四十五分から始まる。私も、入居した当時は朝昼晩の三食を食堂で摂っていたが、朝のテレビ番組の関係で朝だけは自宅で摂るようになった。次章の「食生活」のところで述べるが、私の暮らしている老人ホームでは自炊も認められており、三食自室で摂っているという人もいる。

老人ホームが動き出すのは朝の食事をしらせるチャイムからである。私のホームの朝食は七時四十五分からである。台風などの異変や回廊が氷結して滑りやすくなっているときなど、館内放送で配膳が告知される。配膳とは食事を部屋まで運んでくれることだ。

朝食の後、しばらくすると、その日のホームのバスの運行路線の案内やホームの行事についてアナウンスされる。ホームの行事だが、例えば第一と第三の土曜日には映画会があり、観賞を勧誘する放送があり、映画の内容などが紹介される。

やがて九時半になると健康体操がはじまる。ホーム内にある庭園で輪になって約三十分の体操である。いつも感心するのだが、この体操はよくできている。お馴染みのラジオ体操からストレッチ体操まで、幾つかの体操の良いとこ取りで組み立てられており、軽い肩こり程度なら、この三十分の体操で解消する。

コーラス部は土曜日の十時から稽古が始まる。老人ホームの午前中には、ホーム内の診療所、あるいはアスレチックジム、町へ買い物など老人の生活も忙しい。

昼食は十二時からである。午後は午後で、カラオケや麻雀などの同好会、散歩、ジム、買い物などでまたたくまに時間が過ぎ去ってしまう。

産業社会にいるときは、いつも慢性的に忙しかったから、多忙が日常生活のようなもので、自分の日常生活を子細に分析したり、考えてみたことはなかった。内外の出張（取材）で、何日間か多忙から解放されて、改めて仕事に追いかけられている日々を振り返ったりしたものである。しかし、その出張も物見遊山ではなく仕事なわけだ。ただ、締切りの催促が飛行機の中までは追いかけてこないというだけのことで、多忙は身に付いた生活そのものだった。

それではあちら社会では遊びはなかったかというと、夜は酒場巡りや時には徹夜マージャンで、いつも遊んでばかりいたような気がする。

老人ホームに入るとき、大半の仕事を整理してきたので、あちら社会のときのように、締切りに追われるのは一年に二、三回になったが、今度は老人ホームでの遊びに貪欲になり、結構忙しい毎日を送っている。夜に遊びに出かけないかわりに昼のスケジュールが埋まったのである。

私の月間のスケジュールをありのままに書いてみよう。

第一月曜日、午後一時半よりカラオケ。第一水曜日、午後一時よりホーム外の句会。毎週木曜日一時半よりホーム内の麻雀。毎週土曜日午前九時よりアスレチックジム。第三月曜日、午後一時半よりカラオケ。第三火曜日、午後一時よりホーム内の句会。月の前半に毎月一回の診療所(ホーム専属)に診察と薬の処方。ほとんど毎夕方、大浴場の温泉に入る。

以上が定期的なスケジュールだが、これで第一、第三の土曜日に映画でも観ようものならほとんど一週間がつぶれてしまう。この間に買い物、老人ホームの連絡委員会（入居者代表の会議）が入ることがある。それ以外に私には原稿執筆がある。そして、仕事を抱えているために、月に一度か二度は上京しての打合せがある。昼の一度きりの打合せなら日帰りもあるが、打ち合わせ時間が夕刻に設定されてしまえば一泊となる。仕事先は一社ではないので二泊ということもある。

遊びをふんだんに取り入れているゆえに、老人ホームに入居してからも、毎日が多忙の日々である。後述するが、これにホーム主催の新年会、初詣での日帰り旅行、開設記念日、月に何回か行われる散歩の会、花見の日帰り旅行、夏の花火大会、花火観賞、紅葉観賞の一泊旅行、運動会……、などなど、結構行事は盛りだくさんである。ホームの住民の中には、日程をやりくりして、いろいろな催しに貪欲に参加している人もいる。

老人ホームの職員

老人ホームに入る人にとって職員の存在が気になるのは当然である。老人ホームの居心地の良さは職員の質によって決まると言えるかもしれない。言うならば、職員は老人ホームの顔である。どこの老人ホームに見学に行っても、おおむね職員の応対は良好である。老人ホームの内情を知りたくて訪れる人に、働く職員の第一印象が悪いようではお話にならない。

私の住む老人ホームでは、職員は紺の制服にオレンジのエプロンを着て働いている。職員は、庭を掃除したり、洗濯物を干したり、車椅子を押したり、忙しそうに走り回っている。その姿は入居者にとって頼もしく心安らかになる。オレンジのエプロンを眼にすると癒される。

すれ違うとき職員と言葉をかけ合う。明るい声が返ってくる。笑顔が爽やかである。職員の仕事はさまざまである。事務員もいれば、建物の管理や維持を受け持つ職員もいるし、食堂で食事を作る人もいれば、盛りつけする人、カウンターに並べる人もいる。私は、自室にハンガーをかける釘を打ってもらうために来てもらったこともあるし、パソコンの使い方が解らなくて指導してもらったこともある。トイレの水漏れのときに駆けつけてもらったこともある。台風のときの食事の配膳もあれば、車椅子を押してもらったこともある。老人ホームの住民は自立している人でも職員を頼りにして生活している面もある。職員の中には、もちろん生まれつき愛想の悪い人や寡黙な人はいると思うのだが、みんなにこにこ笑顔で挨拶を交わしてくれる。

職業意識もあるのだろうが、この人たちは本当に年寄りを好きなのだろうかと感心させられることがある。職員には親切心とやさしさを持っている人が多い気がする。それを素直に信じたほうがいい。嫁いびりをするような姑の目で職員を見てはいけない。

人間だれでも失敗はあるし、いつでも、こちらの要望に百パーセント応えてくれるとは限らない。仕事の都合で応対が雑になることもあるかもしれない。ときには意にそまない応対になることだってあろう。それは当然のことで、ある程度期待に応えてくれたら大いに満足すべきである。

老人ホームに入居した人たちは、だれもが職員の世話を受けるわけで、その職員に冷たく扱われたら切ないに違いない。確かに愛想のいい人ばかりではないが、含むところがあって愛想が悪くなっているわけではなさそうだ。

どこの世界にも、調子のいい人、上辺だけの人、腹の内と表情の違う人がいるものだ。しかし、入居者が職員の心の内を詮索しても始まらない。どこの世界にも、仏のような人ばかりがいるわけではない。だが少なくとも、老人ホームで老人の世話をしようと思って働いている人が意地悪だったり、冷たい心の持ち主ということはない。よく、他のホームで老人を虐待する話などがマスコミに取り上げられたりするが、私の老人ホームの職員を見ていて、とてもそんな現象が起こることなど信じられない気がする。

職員の中にも、いろいろなタイプの人がいるのは全くもって当然のことである。職員の人柄は百人百様であるかもしれない。同じ人間がいないということは個性的だということである。そんなことに心を煩わせたりしないで、心からわが身を託すという気持ちで職員と向かい合うことだ。いつの場合も「よろしく頼むよ」という気持ちで接し、親切を受けたら、どんな小さな親切にも心の底から感謝の気持ちを伝えることだ。

既刊の拙著でも述べたことがあるが、病人に親切にしなければならない看護師さんに邪険に扱われた経験がある。それに比べたら、老人ホームに働く職員は思いやりの心が、その看護師さんよりは、はるかに身に付いているような気がした。もちろん看護師さんだって白衣の天使と呼ばれるにふさわしい人はたくさんいることは承知している。たまたま私が体験したのは半月ばかりの入院期間のことである。

老人ホームに働く人は、年寄りを大切にするという職業意識が自然に身に付いているのではないだろうか。優良な老人ホームは職員の教育がきちんとしていて、入居者はその点を案ずることもない。安心して世話を受けることができる。

老人ホームの診療所

老人ビジネスも競争が激しくなって、設備や特徴がすぐれていなければ、顧客をつかむことはできない。老人ホームの重要な「売り」の一つが「医療機関」の有無である。有名な老人ホームはほとんどが専属の医療機関を持っている。

老齢になるにしたがって体のそちこちが不調になるし病気にかかりやすくなる。入ろうと思っている老人ホームに医療機関があるかないかで魅力の軽重に差ができる。私は、ホームを選ぶにあたって入居の決め手となったのは温泉だったと前述したが、実は、温泉のほかに「診療所」が敷地内にあったことも、入居を決心する上で大きなポイントの一つであった。ほとんどこの十五年ほど発作が起こっていないが、私には喘息の持病があり、ホームの敷地内に医療機関があるということは心強かった。

喘息や血圧の薬は死ぬまで飲み続けなければ、いつ体調が急変するかしれない。より良い終末を迎えるために老人ホームに入ったのだが、そのためには終末を無事迎えるような医療機関があったほうがいい。どうせ死ぬのだからと、九十歳近い人で、年一回の健康診断を受けない人もいる。私もその姿勢に共感を覚える。何しろ、私はガンになっても手術はもちろん、抗ガン剤も服用しないつもりだから、病変を発見する健康診断にはあまり意味を感じていない。

しかし、半身不随になって生き長らえたりチューブを引きずりながら生き続けるのも困る。それで血圧の薬や喘息の薬を飲み、朝の体操に参加して少しでも健康でいたいと思っているのだ。

私は入居して一年目に脳出血で半月ほど入院した。昼食中に箸を持つ手に力が入らなくなり、全身が崩れ折れそうになった。それを見ていた職員が、すぐに私を車椅子に乗せ、施設内の診療所に運んだ。診療所の医師はすぐに私の病状を診察して、脳梗塞か脳出血と判断して伊東市の市民病院に紹介状を書いた。

私は老人ホームの自動車で病院に運ばれ、すぐにＣＴスキャナーで脳出血と診断されて即入院した。

私の場合処置が早かったので、後遺症も軽く、今ではほとんど病気の影響を受けずに日常生活を送っている。

この一事に関する限り、診療所の存在が大きい。あちら社会にいるとき、もし自宅で発症していたら、意識もしっかりしていたし、何とか体も動いたので、酒でも呑んで一眠りすれば治るかもしれないなどと、乱暴で非科学的なことを考えて医師の診察を受けるのが遅くなったかもしれない。もし、そういうことにでもなっていたら、取り返しのつかない結果になっていたかもしれない。今のように五体満足でいられるのは老人ホーム内の診療所のおかげである。

あのとき、体に変調を感じたとき、一瞬、脳梗塞かなという思いが、脳裏をよぎったが、それにしては何とか歩けたし、まさか脳卒中ということはあるまいと、自分では希望的観測をもっていた。

脳梗塞で倒れた私の周囲の先輩諸兄は、発作と同時に意識がなくなった人がほとんどで、中には三日間蘇生しなかった人もいた。私は重症者しか知らなかったものだから、私は自分の体の異変は脳卒中ではないのではと思ったのだ。私の場合、発作と同時に診療所に担ぎ込まれたのが幸いしたのである。

そのようなアクシデントはともかく、老人が死ぬ場合は、多くの場合は病がきっかけであろう。仮に、老衰で死ぬにしろ、最後は医療機関のお世話にならなければならないのだから、老人ホームの中に診療所があるというのはまことに心強い。

私のホームにある診療所の医師はかつて私大の医学部の助教授で、教授抜てきの内紛に嫌気がさして都落ちしたという人だ。このいきさつは医師自身の著書で私は知った。なかなかの苦労人で、老人の心の内に精通している。この医師は、ホーム内で行われる催物の会場に、入院患者を車椅子に乗せて現れたりする心優しい人である。老人ホームの診療所の医師としては得難い人材であろう。このような医師になら安心して自分の終末医療をまかせられる。

老人ホームの行事

前著「老人ホームの暮らし365日」に割に詳しく行事のことを書いた。入居者にとって行事の情報は興味のある一つだ。入居者はふだんの日でも、結構、緻密な日常生活を送っているのだが、やはり暮らしに刺激がほしいのかもしれない。とくに私のようなミーハーにとってお祭りは大好きなのである。

あちら社会にいるときには、祭りとは無縁な暮らしをしていた。地元で毎年行われる八幡神社の祭礼で一度お神輿《みこし》を担ぎたいと思いながら、仕事と遊びに追われて、地元でのお神輿担ぎはついに果たせなかった。祭りのお囃子に誘われて、原稿を書いていた手を休めて玄関を出て神輿を見に戸外に出たことがあったという程度である。入居したら、せめて老人ホームのお祭りにはなるべく参加してみようと考えていた。

老人ホームは、住民になるべく季節感を味わってもらうように工夫し、行事もいろいろ工夫して催される。

入居前、老人ホームの職員に「元旦のパーティーはお酒が呑み放題なんですよ」という話を聞かされて、のんべえの私は少なからず心が動いた。元旦の呑み放題が入居のポイントなどと恥ずかしくて人さまには言えないので今までだれにも語ったことはない。

私の入居している老人ホームには、年間の大きな行事が三つある。

元旦パーティ、五月の開設記念日、秋の文化祭である。この三つの大きな行事の間に小さな行事がきめ細かく配されている。例えば一月には初詣で、四月の花見、夏祭り、盆踊り、花火、運動会などである。

●元日のパーティー

元日のパーティーは、私の心が動いたように、年の始めの行事らしく盛大である。入居者は改まった服装で食堂に集まる。女性の中には和服の人もいる。職員はほとんどが和服で列席者のお世話をする。

施設長の新年の祝賀の挨拶に次いで、入居者代表の祝辞がある。年男の酒樽の鏡割りがあって、いよいよ宴会が始まる。ふだんは制服かエプロンの女性職員が和服姿でビールを注いでくれる。それだけのことだが、何となく改まった気分になる。

入居者たちは、そちらのテーブルこちらのテーブルと行き来して新年の挨拶を交わしたり、酒を注いだり注がれたりしている。浮き浮きとした年の始めらしい新鮮さが会場を満たしていく。

入居前の情報のように、酒は呑み放題で、酒の種類も豊富である。ビール、日本酒、ワインと揃っている。呑めない人のためにジュースなどのソフトドリンクも用意されている。もちろん料理はパーティー用の特別食である。料理の内容は幕の内のような彩りのある祝い膳である。それを肴に酒を呑んで新年を祝うわけだ。

年末に家族が訪ねてきて新年のパーティーに顔を出すファミリーもいる。

私にとって老人ホームの年の始はあちら社会にいるときより正月らしい。あちら社会にいるときは、夜中に近所の氏神さまに初詣でに行くので元日の朝は遅く起きる。寝起きの洗面後、どてらか、パジャマで食卓につく。その格好で御節料理を広げて冷や酒を呑むだけである。家内も、久しぶりに訪ねてきた娘も特別に着飾っているわけでもない。話題は御節の味についていてうんぬんするだけである。

十時過ぎると玄関のポストに年賀状が来ているかどうかのぞきに行くというのが毎年の元日であった。わが家の恒例の初詣は一月二日だったので、元日は酒に酔って昼寝をするか、たわいないテレビを観て時間をつぶすだけだった。老人ホームに来てから久しぶりに元日の改まった気分を味わった。

年末になると老人ホームも、あちら社会と同様、年の終わりの気分が漂い始める。しかし当然ながら老人ホームには師走という慌ただしさはない。慌ただしさはないが、年の暮れというムードは漂い始める。

十二月の半ばになると、コミュニティホールの中にイルミネーションが明滅するクリスマスツリーが飾られる。食堂の外にも電燭が明滅する。

やがて十二月も二十日を過ぎると、ホールの玄関に門松が飾られ、ホールの中央に大きな生け花が据えられ、住民の中の書家が書いた「寿」や「謹賀新年」の文字がホールの壁に貼り出される。このようにして、老人ホームは元日を迎えるのである。

三が日が過ぎるまで、食堂の入口には酒樽やワインなどが置いてあり、いつでも呑めるようになっている。

●盛大な開設記念祭

私の入居している老人ホームは、平成二十六年五月に開設三十五周年を迎えた。

私の持論は老人ホームを選ぶなら歴史の古いところを選べということだ。一般論として歴史が古いということは、それだけ経営が安定しているということであり、老人ホームの在り方を心得ているということでもある。

老人ホーム特有の難問題が噴出するたびに、それを沈静させクリアして三十五年を迎えたわけである。長い時間をかけて体得したノウハウを経営に活かすことができるのだから、歴史のあるホームは満足度が高いのである。

老人ホームのようなところは急激な改革は歓迎されないが、絶えず小さな改善が求められている。住居者に不信や不満を抱かせないように配慮しつつ継続してきたから三十五年も続いたのである。入居者の不満が年々累積していったら、とても長年にわたって経営を続けることはできないだろう。

老人ホームの経営が安定するために必要なのは、安らかに終末を迎えさせるノウハウをたくさん持っていることだ。ノウハウの量の多少が老人ホームのクオリティを左右する。入居している住民が不満を募らせて暮らしているようでは、経営が成功している老人ホームとは言い難い。年寄りに安心と安らかな思いを抱かせるノウハウがあればこそ、三十五周年を迎えることができたのである。

私が入居している老人ホームの開設記念日は、職員の踊り、プロのミュージシャンの演奏会、落語家の独演会、入居者で結成されているコーラス部の発表など、盛りだくさんのプログラムで挙行された。

記念日は余興や娯楽だけではない。本部から理事長が参列して挨拶し、職員の勤続年数の表彰なども行われる。もちろん入居者代表の祝辞も述べられる。

食事は屋台も出て酒が振る舞われたり、食堂ではバイキングでグルメが楽しめる。二日間にわたってホーム挙げてのお祭りが繰り広げられるのである。

開設記念日については、前著「老人ホームの暮らし３６５日」でも紹介している。

ケアサービス課のフラダンス。新人職員もがんばる。

生活サービス課の歌と踊り。男性職員の女装ぶりに会場は大喝采。

記念祭の夕食には、マグロの解体ショーも行われた。

●秋の文化祭

秋の文化祭も老人ホームにとっては大きなイベントの一つである。十一月の初頭の三日間に行われる。入居者の手芸、絵画、書、写真、木彫り、俳句、川柳などが展示される。形としては文化祭のミニチュアのようなもので、大学や市などが主催する文化祭に比べたら地味である。当然のことで、職員が仕事の合間に展示や飾り付けを行うもので、大がかりなものではない。

大学などの文化祭は学生が泊まり込みで準備したり、趣向を凝らしたりするが、老人ホームの文化祭は、老人たちの手芸や日ごろのクラブ活動で生み出した作品をセレクトして展示するのである。特別に文化祭のために大作に取り組むということはない。ただ、文化祭を目標にこつこつと何カ月もかけて作品を仕上げる人はいる。

私は俳句会の世話役だが、一年間の俳句から春夏秋冬の句をピックアップして、美しい文字を書く人に短冊をつくってもらい台紙に貼りつける。作品の飾り付けは職員におまかせだ。要するに、多くの出展作品は、日常的に取り組んでいる趣味の作品のお披露目という感じである。しかし、中には年輪を感じさせるプロ級の作品もある。入居者の中にはその道の大家といわれるような人もおり、そういう人の作品だから見応えのあるものも多い。また、老人ゆえに不自由になってきた指先を動かして作りあげた作品だから価値があるともいえる。

文化祭の特別企画として、コーラス部の出番だ。コーラス部は春の開設記念日に次いで秋の文化祭にも発表する。その他にプロのミュージシャンのコンサートも開かれる。ホールの前の広場では青空市場が開かれ、ビールや酒が販売される。

文化祭は老人ホームの行事の締めくくりで、文化祭が終わると秋が急速に深まっていく。

●楽しい職員の手作り行事――花見・盆踊り・花火大会・夏祭り・運動会

三つの大きなイベントの他に四季折々の行事がある。

春の花見、夏のお祭りと花火大会、秋の運動会である。三大イベントも地味なのだから、その他の行事も小さな催しだ。小さいといってもそれは規模のことであり、参加する住民は結構楽しんでいる。

春の花見といっても、花の名所にむしろを敷いて車座になってどんちゃん騒ぎをした、若き日のお花見とは違う。あんなお花見に年寄りが耐えられるわけがない。

私の入居している老人ホームは、食堂の脇がウッドデッキになっていて、そのテラスに大きな桜の木がかぶさるようにして花をつける。その花を観てお花見をしようというわけである。食堂は特別製の花見弁当をメニューに加える。

ウッドデッキに食堂のテーブルを持ち出して、そこで花見弁当を食べながら酒を呑もうという趣向である。

食堂とは別の場所で、酒を呑み花を眺めて、いつもの昼食とはひと味違った雰囲気を楽しもうという催しである。花を見る前に泥酔した昔の花見と違って、老人ホームの花見には静かな楽しさがある。先が短いと思うと、花の美しさがひとしおお心にしみる。

バスをチャーターした本格的花見もある。花見バスの人数は二十名ぐらいに限定される。申し込み順で人数制限で締め切られる。花を観て高級割烹でグルメを楽しむという企画である。

春のイベントに次いで夏のイベントがある。

老人ホームの夏のイベントは盆踊りと花火大会である。

これまた、あちら社会の盆踊りや花火大会と比べたら規模が小さい。あちら社会の盆

夏祭りの盆踊り大会

踊りとはまるっきり迫力が違う。広場や公園に高いやぐらを組んで、そのやぐらの上で、町の若衆がレコードに合わせて太鼓を叩くといった風景を想像してはいけない。

確かに老人ホームの盆踊りもやぐらを組む。しかし、そのやぐらは、登るためのやぐらではない。目印のためのやぐらである。小さな広場に目印のやぐらを組んで、そのやぐらを中心にして踊り手は回るのである。

舞台はちゃちだが、踊り手は超一級である。踊りの達者な人がいて心底感心させられる。聞くところによると、その人は踊りの名取りで、あちら社会には何人もの弟子がいるのだという。そんな名手に、小さなやぐらを回らせたのでは気の毒だが、老人ホームの盆踊り

夏祭りのイベント後、ビールで乾杯

の趣向に花を添えるような見事な踊りである。

夏の花火大会も老人ホームの恒例の催しである。

これまた、あちら社会が行う両国や熱海などの大規模の花火大会を想像してはいけない。職員の手作りの花火大会である。

ホール玄関前の広場で行う小さな夏の夜の遊びである。各家庭の庭で楽しむ線香花火を少し大きくしたような感じと思ってもらえばいい。職員が調達したいろいろな趣向の花火を楽しむのである。

仕掛け花火もあり、大きな音を立てて夜空に炎が舞い上がり天空で散る。中には不発の花火もあり、それはそれで見物人の笑いを誘う。

　私の入居している伊豆高原の老人ホームの近くでは「やんもの里花火大会」という本格的な花火大会もある。この花火大会には老人ホームから見物のバスが出て、街のコミュニティセンターの屋上で見物するという行事もある。参加者も多い。

　夏のイベントには、職員が浴衣姿で屋台を出す夏祭りも楽しい行事である。屋台の定番である焼きそば、とうもろこし、焼き鳥、おでんなどが販売される。ビール、日本酒などアルコール類も解禁である。ふだん作業着姿で走り回っている職員の浴衣姿も新鮮で、入居者たちも結構楽しんでいる。

　夏の行事が終わると秋の行事が待っている。運動会である。

　これまた、老人ホームの運動会は、あちら社会の市民運動会や中学校や高校の運動会と比較

秋の大運動会のパン食い競争

秋の大運動会の大玉ころがし

してはならない。年寄りが棒倒しや騎馬戦、二百メートル徒競走などができるはずがない。老人ホームの運動会は、パン食い競争や球入れ、ゲーム色の濃い遊び的な要素の種目を中心にしてプログラムは組み立てられている。

商品もティッシュペーパー、缶ビール、ジュース、駄菓子の詰合せなど、実用的な物が多く、参加者は喜んで受け取っている。

考えてみると、私は、高校以来運動会に参加したことはない。町内会の運動会も市民運動会も参加したことがない。仕事と遊びと放蕩にかまけて健康な生活とは縁遠い暮らしをしていた。老人ホームに入ってから小さな運動会に参加している。

どの行事も職員が仕事の合間に準備した手作りのイベントである。ささやかである。それだけに入居者を楽しませようとする真心がこもっている。

ありがたい行事である。

●散歩、外食、一泊の小旅行

恒例になっている小さな行事としては、散歩の会や外食ツアーがある。

散歩の会はホームの近くの喫茶店やレストラン、名所などに歩いて行き、目的地でお茶などを飲んで帰ってくる。往復五、六千歩の散歩である。

外食ツアーは、近郊（市内）のグルメな店にホームのバスで出かけ、飲食しながら懇談して帰ってくるという趣向である。ホーム内の食堂とひと味違ったグルメを堪能してもらおうという思いやりの企画と言えよう。

近郊の名所の日帰りツアーも人気があり、参加者が多い。途中までバスを使い、小高い丘を歩いて登ったりする。レジャーと健康増進を兼ねた企画といえよう。目的地で豪華弁当を食べるのも楽しみである。

もみじ狩りの一泊ツアーは毎年秋の企画として行われている。私自身は、今までの目的地は、過去に仕事で体験しているところがほとんどなので参加していないが、参加者は一泊の旅行を十分に楽しんで帰ってくる。

その他に卓球大会、グランドゴルフ、ボウリングなども参加者が殺到する企画である。入居者はお祭りに飢えているのである。自分で楽しみを作り出して実践している人もいるが、そういう人は少数派であろう。やはり、ホーム側がお膳立てしてくれた企画に便乗して楽しもうという人が多い。

入居者の年齢

老人ホームなのだから高齢者ばかりが暮らしている里である。職員以外、若い人はいない。住民はみんな高齢者である。自分も年寄りのくせに、私は最初は年寄りばかりのホームに入るのに抵抗があった。どこを向いても老人ばかりである。車椅子の人もいる。年を取っているから行動がスローモーである。あちら社会で若い人と一緒に仕事をしていたので、自分もまだまだ若いと自惚れていた。それで少し老人ホームに入居することに一抹の淋しさを感じた。しかし、慣れてみると老人ホームは気楽である。若者に遠慮することもおびえることもない。

あちら社会では過度にいたわられるにしろ、邪険に扱われるにしろ、何となく引け目のようなものを感じたものだが、そのような心づかいをしなくてすむのが何よりだ。

「寒いですね……」

言葉を交わすにしてもホームの中なら何の思惑もいらない。あちら社会では「寒いですね……」と言葉をかけてから、あの人は若いから寒さを感じないかもしれないなと思ったりしたものだ。ホームではそんな心づかいは無用である。

老人ホームの入居には年齢に決まりがある。私の入居した二〇一二年には、六十歳以上が入居年齢の決まりであったが、二〇一五年から、六十五歳以上に改められた。元気な高齢者が増え、かつ、会社の定年も六十五歳に延長している企業も多くなった。そのような社会的現実に合わせて、老人ホームの入居年齢も改正されたのであろう。

私の入居している伊豆高原の老人ホームは、入居時の平均年齢が、七二・九歳（二〇一四年現在）で同系列の七施設の中で一番若いという。比較的若い人は、伊豆高原は第二の人生を過ごすのにふさわしいと思っているのだろう。

私が入居したときの、暮らしている人の平均年齢は八十歳くらいで、私は平均年齢よりやや若かったのだが、この原稿を執筆しているときに私は八十歳の平均年齢に達した。

老人ホームで自立している人の中には、私のいるホームでは九十歳前後の人が何人もいる。ある女性はいまだコーラス部の現役であり、また、散歩を欠かさない九十三歳女性もいる。この女性は明るい声で仲間と楽しそうに談笑している。元気な九十三歳男性はアスレチックジムで筋トレをしている。私の参加しているカラオケ同好会には、九十二歳の男性がいて、誕生日には一泊旅行に我々同好会のメンバーを誘ってくれた。この男性は「ガンと共存しているんだよ」と明るい顔で笑う。すべての入居者が、自立から介護へと移るわけだが、介護を受けている人には、もちろんのこと百歳以上の超高齢者もいる。

伊豆高原の老人ホームの入居者募集の広告には、自立型老人ホームへの入居の動機をうながすキャッチフレーズが使われている。

楽しめるうちに来て!
早すぎることはないんだから。

広告は、若く元気なうちに入居しなさいと訴えているわけだ。

伊豆高原ばかりではなく、自立型の入居者の心理の中には、元気なうちに入居してシニアライフを楽しもうという心情があるのも事実だ。第二の人生を老人ホームで歩もうとしている人たちだ。

あちら社会にいても第二の人生は歩めるわけだが、前述したように、周囲から年寄りとしていたわられたり、邪魔にされているのではないかとこちらがひがんだり、余計な心づかいは、少なくとも老人ホームでは無用である。私は入居当時、仕事をかかえていて、悠々自適の人生だけを歩むというわけにはいかなかったが、あちら社会と一線を画するという意志があっての入居なら、それなりの人生設計を組み立てることができる。

現にこちらに来て地域のボランティアに参加したり、生涯学習で学んだり、歴史や自然の案内人としての資格を取ったりして、生き生きと暮らしている人もいる。

あちら社会でもできることだが、老人ホームに入って世界一周を発心したり、特別の計画を立てて物事に取り組んでいる人もいる。

そのような人は、老人ホームに入って、終末の気がかりや繁雑な日常の些事をなくしておいて、じっくりと好きなことをやろうというのである。若いうちに老人ホームに入れる心のゆとりと経済的なゆとりがある人にとって、六十代の入居は価値ある決断と言えるかもしれない。

老人ホームの自治会的組織

老人ホームには、あちら社会のマンションや団地の自治会組織に似た「会」がある。私の入居している老人ホームにも「入居者代表委員会」という名称の会がある。

私の入居した当時は、年に一回選挙があって、四人の代表委員が選ばれ、前年に選ばれている委員と計八人で運営されている。委員会の任期は二年間である。会が設置された目的は住民の意見や苦情を経営者側に反映させようという趣旨で発足したものだ。この委員の中から、二名の代表が東京の本部が主催する協議会に出席する。

本部に集まる人たちは協議委員と呼ばれている。私の入居している老人ホームは、同系列の施設が全国に七施設あり、一施設から各二名の計十四名が協議委員となり、年に数回の会議が本部で開かれる。

あちら社会のマンションや町内会の自治会と表面的には同じ意図で発足したものだが、私が感じたままを述べるなら、老人ホームの委員会は生活に直結しているという危機感は少ない気がする。自分が先頭に立って老人ホームの改革と進歩に貢献しようという意欲が少ない気がする。委員に就任することを敬遠する人ばかりで、毎年の選挙で候補者を見つけるのに苦労する。

「煩わしい生活が嫌で老人ホームに入居したのに、何でこちらに来てまで余計な苦労を引き受けなければならないのですか」と語る人が多い。

実は私も、平成二十五年の選挙で運営委員会に選ばれた。正直な気持ち、私は売文の徒にして、無名の三文文士であり、政治的な活動に不向きな男である。当選したと聞いたとき、大いに戸惑った。どうして選挙に選ばれたのかわからないが、私は若いときに雑誌記者の経験があり、その後フリーの売文業者となって何冊かの書籍を刊行している。書物を書くくらいなら、多方面にわたって卓見を持っているのではないかと買いかぶっていただいたらしい。かくして三文文士が運営委員に選ばれたのである。

三文文士と自称するのは、やや自嘲の思いはあるが、卑下でも謙遜でもなく、私の実体である。当時仕事の打合せで、月の内、何度も上京していたので、これまた私のおっちょこちょいの性向から協議委員も引き受けた。前述のように、このような役職を嫌う人が多く、推薦されても辞退する人ばかりで、少しも会が進行しない。「それなら、私が東京に行くついでに顔を出しましょう」と気軽に引き受けたのだ。

私が協議会メンバーを引き受けたのは軽薄のそしりはまぬがれないであろう。何しろ、出席しても発言はしないで、せっせとメモばかり取っては、お茶受けのどら焼きをむさぼり食ってばかりいる。メモを取っているのは、売文の資料として役立てようというさもしい心根である。良心の呵責に堪えないので、協議委員は一年で辞退した。私的な弁明はともかく、このような協議会は果たして、当初の設置の目的どおり機能しているかどうか、私にははっきりとはわからない。

　あちら社会のマンション、町内会の自治会役員は、もう少し利害に対して真剣に向かい合っていたような気がする。老人ホームの場合、ある程度経営母体に任せきりで、激しい思いのたけをぶつけるという気迫はない。仮に真剣に提案したとしても、入居者の希望する意見を全て受け入れて経営がうまく行くとも思えない。また、住民の要望する希望を無条件に聞き入れていたらきりがないだろう。それならば、このような委員会は無用かといえばそうではない。住民の思い、願い、希望を訴えるための窓口は必要である。その窓口としての存在価値は十分にある。

　願わくば、自ら進んで委員会でひと働きしてみようという人が現れてほしいというのが私の気持ちである。

第三章

老人ホームの食生活

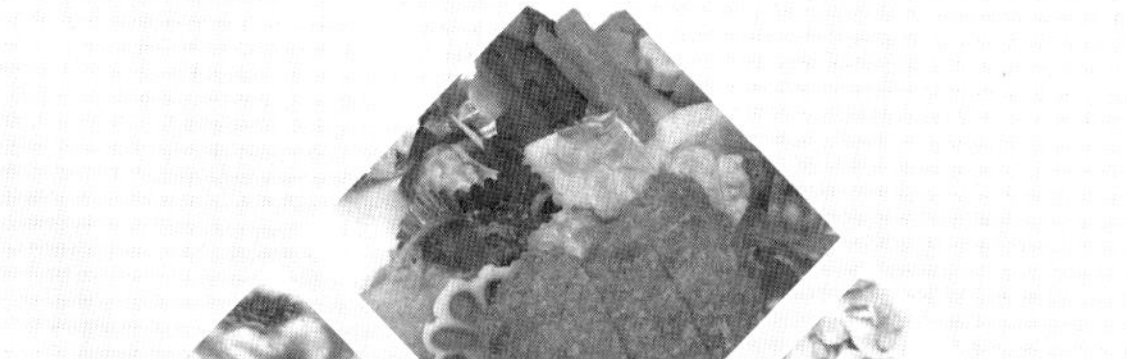

施設で提供される食事の数々

老人ホームの食生活の実態

入居に際しての私の関心事の一つは食事であった。どんな食事にありつけるのだろうということが気がかりだった。おそらく全ての入居者にとっても同じだろうと思う。

私が老人ホームに入ることになった直接的理由は、家内が腰痛で炊事が難しくなったからである。仕事も抱えており、代わりに私が炊事をするということは考えられなかった。

学生時代の一時期、私も炊事の経験はあるが、秋刀魚の開きと漬け物が主なメニューで、手の込んだ料理を作ったという記憶がない。私が炊事をしていた五十数年前は、秋刀魚の開きは一尾十円で、極貧の学生でもしばしばメニューに取り入れることはできた。秋刀魚は焼くだけのことだから料理の腕には関係がなかった。

家内が一週間ばかり入院したときに、朝食に味噌汁をつくった。当時高校三年だった娘は「お母さんの味噌汁より美味しい」とほめてくれたが、娘は自分に炊事の番が回ってこないように、多分に深謀遠慮を巡らしたきらいがある。それ以外、私は後にも先にも炊事をしたということはない。まさか七十歳過ぎた夫婦のメニューが、朝昼晩の三食、秋刀魚の開きだけというわけにもゆくまい。

私は、三食ともコンビニ弁当で一向に痛痒を感じなかったが、家内はそんな食生活は嫌だと言った。かくして、老人ホームへの入居の必要に迫られたのである。

仮に私が料理ができたとしても、動けなくなるまで厨房に立つということは現実問題としてありえることではなかった。老人ホームに入らなければ、いずれはコンビニ弁当か、類似の弁当配達のお世話になったに違いない。

家内は食生活の不安から、老人ホームに視線を向けたのである。そんな事情だから、入居当時は朝昼晩の三食を老人ホームの食堂で摂っていた。ところがＮＨＫの朝の連続テレビ小説を観る関係で、食事は自室でレトルトの軽食かパン食にすることにした。ちなみに食堂の朝食は七時四十五分から始まるが、ゆっくりと食事を摂ると連ドラ放映の時間に影響が出てくるのだ。ＢＳでは早い時間に放映されているようだが、朝食を自室で摂ることにすれば問題は解決する。朝食を自室で摂ることにしたのは、連ドラだけが理由ではない。その他に、納豆やジュースを食べたいということもあった。

私の入居している老人ホームは、入居者が自宅で炊事をしてもいいことになっている。三食とも自宅で炊事をしている人もいる。料理好きな人は、ぼけ防止のために炊事をしているのだ。もちろんぼけ防止ばかりではなく、好きなものを作って食べたいという理由もある。また、他に経済的な節約という理由もあるかもしれない。ちなみに、食堂の料金は朝食四二一円（パン食も同価格）、昼食六八九円、夕食九〇五円（いずれも税込）となっている。

伊豆高原の老人ホームには、駅周辺の町にコンビニやスーパーがあり、手軽に食材が購入できる。店には、老人ホーム専用のバスは毎日運行されているし、ホームから歩いていっても二十分前後で町に出られる。健康を考慮して、バスを使わず歩いて町に買い物に出かける人もいる。

入居者の中には、食堂と自炊をメニューによって使い分けている入居者もいる。自分の好みのメニューがあるときは食堂で食べ、それ以外は自炊ということだ。週に一、二回、ご馳走メニューが出る。例えば、握り寿司、うな重、ステーキなどだが、そんなときだけ食堂に顔を出すという人もいる。ご馳走の特別食はもちろん別料金である。

私が入居して、はたと困ったのは晩酌についてだった。食堂でも六時からは持ち込みのビールや日本酒の晩酌は許可されている。

私はあちら社会での晩酌は、風呂上がりにテレビを観ながらゆったりと（だらしなく）盃やグラスを口に運ぶというスタイルであった。老人ホームでそれをやろうとすれば、食堂から料理を持ってきて自室で食べる以外に方法はない。実際にその方法で晩酌を楽しんでいる人はいる。食堂から総菜、味噌汁など一式を自宅に持ち帰って食べている人の多くは晩酌を自室で楽しむ人たちである。中には、晩酌に限らず夜の食事くらいはテレビを観ながらくつろいで摂りたいという人もいる。

私の場合、自室で食べるにしろ、腰痛の妻に運んでもらうわけにはいかない。自分で毎晩自室に食堂から持ち帰るのは面倒である。それに、夫婦で入居しているのに、亭主は自室で晩酌、女房は食堂で独り夕食という図もいかがなものかとも思う。また、酒は一滴も口にできない家内に自室で私の晩酌タイムにつき合わせるというわけにはいかない。

私は妻に対して若き日の破天荒な放蕩の罪滅ぼしで、家内の希望を受け入れて老人ホームに入居したのである。妻の希望する生活を優先しなければならない。仕方なく私は晩酌タイムを食後の風呂上がりにずらしたのである。この話を酒呑みの友人にしたら「それじゃ酒はまずいだろうな」と同情してくれたが、酒を呑めない友人に話したら、「そこまでして酒を呑みたいのか」と軽蔑された。

夕食の後に風呂に入ってからの晩酌は最初は抵抗があった。しかし何ごとも慣れである。それが習慣になると風呂あがりの晩酌が楽しみになった。

食事は原則として食堂に食べに行く。朝は七時四十五分から八時半。昼は十二時より一時半。夕食は五時より七時までである。晩酌も六時から七時までは食堂でできる。缶ビールやワンカップを手にした人をときどき食堂で見かけるがそれほど多くはない。本格的に呑む人は食事を自室に持ち帰っているのである。

食堂には、二人用のテーブル、四人掛けのテーブル、テーブルを組み合わせて、何人かの人が向かい合って食べるように配置されている。

自立している人は、カウンターに並んでセットされた予約の料理をテーブルに運んで食べて、食べ終わったら食器類を洗い場のカウンターに戻すことになっている。私は大きな声で「ごちそうさま！」と言って洗い場に食器を戻す。前述したように、台風のときや路面が凍って滑りやすいときなどは各部屋に配膳してくれる。

食事の時間がくるとチャイムが鳴り響く。「めしだっ！」と食事が楽しみなときもあれば、逆に「あれっ？もう食事の時間か」と思うときもある。それでも食堂に出向くと結構食べられるものである。

老人ホームの食事メニュー

食堂のメニューは、一週間分をプリントした用紙が二週間前くらいに配られる。各自のメールボックスに投函される。入居者はそれを見て食事の予約をすることになっている。予約の申し込みは、ぎりぎり前日の午後二時が締切りである。一度申し込んだ物を取り消すのも前日の午後二時までである。私の場合は、メニューが二週間前に配られたら、それにしたがって一週間前には予約の書類を提出している。

予約の用紙には、朝食、あるいはパン食、昼食、あるいはランチ、夕食の通常食か選択食を記入する欄があって、そこに印をつけて売店の職員に提出する。

この週間献立の表で、一週間分の食事のメニューが事前に判るわけだ。食堂に出かけるときに、今日は楽しみだなと思うこともあれば、このメニューなら食欲がわかないなと思ったりする。気の進まないメニューでも食堂に行くと結構食べられるものだ。そういう意味で、老人ホームの食事は、健康維持のためにはメリットがある。もし、これがあちら

豪華な特別食メニュー

社会でなら、好きなものだけ食べて終わりにするとか、ビールとおつまみを食べるだけでまともな食事は一食抜いてしまうということもあったと思う。

昼は通常食のほかにランチというメニューがある。通常の食事に対して、ラーメンとか日本そば類、焼きそば、スパゲッティなどのメニューである。通常食からランチか、どちらかを選んで予約する。

夕食も通常食の他に選択食というのがある。どちらか好みのメニューを予約するというわけだ。また、夕食には週に一回、あるいは二回程度、特別食というメニューがある。前述したご馳走メニューである。通常料金より価格は高く、その都度メニューと値段が表示される。特別食に魅力があれば予約をすればいい。

通常の献立の他に頼めば糖尿病、アレルギー、高血圧などの治療食、あるいはおかゆ、おかずの刻み食なども用意してもらえる。

配布される週間の献立の他に、食堂には一品料理もある。例えば五目うどん七二〇円、カレーうどん七二〇円、カレーライス七二〇円……などである。種類だけを紹介してみよう。チャーハンセット、牛丼セット、うな丼定食、かつ丼、雑炊定食、釜飯、お刺身定食などがある。また、単品でご飯（一五〇円）・味噌汁（一〇〇円）・生卵（四〇円）・生野菜（二〇〇円）・カットフルーツ（二〇〇円）なども注文できる。伊豆御膳なる名前の高級和食（二〇五〇円）も一品料理としてメニューに加えられている。原則として一品料理は予約の必要はないが、刺身や高級和食は前日の二時までに予約することになっている。一品料理も、季節によって変更のある場合がある。

ホームには栄養士、調理師、板前などが常駐していて料理を考えている。もちろん栄養のバランスやカロリーに配慮した献立で作られている。毎日のことだから苦労するに違いない。これに類似した記事は前著「老人ホームの暮らし３６５日」でも掲載した。

一例として実際に配布された献立表を次頁に掲載する。平成二十六年の春・夏・秋・冬の各一週分の献立である。掲載に際しては、特別の意図はなく、著者が勝手にピックアップしたものである。

週間献立　　平成26年　4月

	13日（日）	14日（月）	15日（火）	16日（水）	日（木）	18日（金）	19日（土）
朝食	さんま みりん干し 切干大根煮 ほうれん草お浸し 味噌汁（若布、根ぶか）	おでん風煮込み かぼちゃサラダ キャベツ和風和え 味噌汁（もやし、油揚げ）	湯豆腐 金平牛蒡 青梗菜のお浸し 味噌汁（里芋、貝割れ） 梅干し	いわし一本焼き 五目煮 大根とツナ、マヨ和え 味噌汁（玉ねぎ、地海苔）	かにかま だいこんのあっさり煮 納豆和え 味噌汁（茄子、麩） 焼き海苔	甘塩鮭 刻み昆布の煮物 ゆで茄子のゴマだれかけ 味噌汁（大根、厚揚げ）	カレイの一夜干 竹輪の炒り煮 山東菜のお浸し 味噌汁（玉ねぎ、麩） ふりかけ
昼食	海老と白身魚の天ぷら 茶碗蒸し 青菜の胡麻和え 若竹の吸い物 豆ごはん	カレイから揚げ 卵豆腐 小松菜お浸し 玉ねぎの味噌汁	伊豆特産丼 竹の子若布煮 春の白和え 清汁（鯛ちくわ　三つ葉）	オムライス コールスローサラダ ミニグラタン コーンスープ	豚肉と南瓜の 南蛮漬け風 さつま芋とりんごの甘煮 キャベツの胡麻和え 中華スープ（若布、ねぎ）	鯖と野菜の 味噌煮 肉じゃが 胡瓜と若布の酢の物 清汁（とろろ昆布）	親子丼 こんにゃく田楽 もやしときゅうり 胡麻酢和え 清汁（あられ、貝割れ）
ランチ	ざるそば いなり寿司	ソース焼きそば 海老にら饅頭	きつねうどん しらすおにぎり	巻き寿司 半たぬきそば	味噌ラーメン 半高菜チャーハン	釜揚げうどん しめじ御飯	皿うどん あんまん
夕食	すき焼き風 温泉卵添え 里芋と昆布巻き みぞれ酢和え フルーツ	鰹のたたき 五目巾着煮 もずく酢 味噌汁（白菜　椎茸）	ビーフシチュー たっぷり野菜のサラダ スナックえんどうの マヨネーズ和え フルーツ	鰆西京焼 新じゃがいもの 煮っころがし 菜果おろし 味噌汁（豆腐、葉ねぎ）	ローストビーフと クリームコロッケ スパサラダ フルーツ コンソメスープ	はまちの 照り焼き 筑前煮 せりのわさび和え 味噌汁（舞茸、インゲン）	エビフライ 桜えび入り卵の花 筍の木の芽和え 味噌汁（浅利・葉ねぎ）
摂取量	1845kcal　蛋白　78.7g 脂質46.4g　塩分　10.7g	1622kcal　蛋白　'6.1g 脂質29.7g　塩分　0.5g	1803kcal　蛋白　60.9g 脂質50.2g　塩分　10.8g	1870kcal　蛋白　79.8g 脂質50.8g　塩分　10.9g	1953kcal　蛋白　3.3g 脂質50g　塩分　.5g	1723kcal　蛋白　0.8g 脂質32.8g　塩分　).8g	1709kcal　蛋白　76.4g 脂質28.9g　塩分　10.3g
夕選択食	キングサーモンホイル焼き フルーツ→味噌汁	酢　豚	鯛頭あら煮 1,028円 フルーツ→味噌汁	米茄子のオイスターソースかけ	白身魚ムニエルと クリームコロッケ	鯛のうす造り 1337円	子持ちカレイ 煮つけ
摂取量	1739kcal　蛋白　77.9g 脂質38.1g　塩分　10.8g	1740kcal　蛋白　;4.1g 脂質40.9g　塩分　0.7g	1749kcal　蛋白　77.9g 脂質40.4g　塩分　10.5g	1892kcal　蛋白　76.2g 脂質53.6g　塩分　10.7g	1756kcal　蛋白　4.6g 脂質39.1g　塩分　.5g	1617kcal　蛋白　82g 脂質22.7g　塩分　).1g	1698kcal　蛋白　85.3g 脂質24.6g　塩分　10.2g

《施設使用米》25年度茨城県産こしひかり

※食事の締め切りおよび取り消しは、前日の午後2時です。仕入れの都合により献立を変更する場合があります、ご了承ください。

食事サービス課

週間献立　平成26年　７月

	13日（日）	14日（月）	15日（火）	16日（水）	17日（木）	18日（金）	19日（土）
朝食	めざし 金時豆 はくさい胡麻和え 味噌汁(茄子、根ぶか)	鯛ちくわ かみなりこんにゃく 切干大根酢漬け 味噌汁(椎茸、キャベツ) 焼き海苔	厚焼き卵 野菜あんかけ ほうれん草胡麻和え しらす酢の物 味噌汁(里芋、油揚げ) 梅干し	豚肉と白菜煮 里芋煮 青梗菜からし和え 味噌汁(もやし、なめこ)	目玉焼きと サラダ じゃが煮 キャベツ青しそ和え 味噌汁(南瓜、根ぶか)	笹かまと もろみ胡瓜 南瓜煮 もやし胡麻酢和え 味噌汁(玉ねぎ、しめじ) ふりかけ	甘塩鮭の焼き物 納豆和え 胡瓜とカニカマ酢の物 味噌汁(豆腐、三つ葉)
昼食	刺身（かんぱち・鮪） 天ぷら盛り合わせ 冬瓜と帆立ののっぺい みょうがの酢の物 味噌汁（あさり、ねぎ） フルーツ	若鶏の トマトソース煮 アスパラとコーンの炒め物 ツナサラダ 若布スープ	フライ 盛り合わせ 卵の花炒り煮 ポテトサラダ 味噌汁(若布、ねぶか)	カラスカレイの 煮付け 鶏肝の生姜煮 かにかまとマロニー の胡麻酢和え 味噌汁(豆腐、茄子)	金目鯛の 五目おこわ 揚げ茄子の黒酢煮 ミツ豆 味噌汁(三つ葉・玉ねぎ)	グリルトチキン茸と 野菜のソテー添え 野菜のポトフ ブロッコリーと トマトのサラダ トマトコンソメスープ	豚ロースの 唐揚げ甘酢あん ピリ辛こんにゃく煮 ほうれん草のお浸し 清汁(かまぼこ　三つ葉)
ランチ	ドライカレー ミニサラダ スープ	冷やしぶぶ漬け 盛り込み	冷やしそうめん ミニ三色丼	五目うどん 半牛丼	海鮮中華焼きそば あんまん	稲庭うどん （冷やしざる） しめじ御飯	完熟トマトの 冷製パスタ フレンチトースト
夕食	豚ロース 香草パン粉焼き 野菜のコンソメ煮 青梗菜のピーナッツ和え 味噌汁（絹さや、椎茸）	ブリのみぞれ煮 魚河岸揚げの煮物 小松菜辛子和え 味噌汁（さつま芋、葉ねぎ）	たかべ塩焼き （神津島産） 大根のそぼろ煮 かにと胡瓜の黄身酢かけ 味噌汁(厚揚げ、玉ねぎ)	ローストビーフ 冬瓜のスープ煮 春雨の和えもの 味噌汁（白菜・いんげん）	鮭の チャンチャン焼き さつま芋の煮物 ほうれん草のポン酢かけ 味噌汁（大根、絹さや）	伊東港産 鯵の南蛮漬け 高野豆腐の含め煮 もずく酢 味噌汁（じゃが芋、根深） とうもろこしご飯	鰹のたたき 五目巾着煮 白和え 味噌汁（キャベツ、玉ねぎ）
摂取量	1852kcal 蛋白 76.4g 脂質42.5g 塩分 10.8g	1760kcal 蛋白 68g 脂質35.6g 塩分 10g	1749kcal 蛋白 66.2g 脂質42.1g 塩分 10.4g	1633kcal 蛋白 75g 脂質18.7g 塩分 10.5g	1762kcal 蛋白 67.2g 脂質38.7g 塩分 10.8g	1749kcal 蛋白 75.3g 脂質36.7g 塩分 10.8g	1836kcal 蛋白 77.8g 脂質51.3g 塩分 10.4g
夕選択食	金目鯛の 冷シャブ風 1337円 以下通常食と同じ	鶏肉の幽庵焼き	にが瓜と 豚肉味噌炒め	シーフードの 塩昆布炒め	天然鮎の塩焼き 1028円	豚角煮と野菜煮	茄子と海老の はさみ揚げ
摂取量	1715kcal 蛋白 75.7g 脂質28.6g 塩分 10.7g	1805kcal 蛋白 70.8g 脂質41.6g 塩分 10.1g	1787kcal 蛋白 64.6g 脂質40.3g 塩分 10.7g	1546kcal 蛋白 68.1g 脂質14.3g 塩分 10.4g	1660kcal 蛋白 67.1g 脂質29.8g 塩分 11.2g	1804kcal 蛋白 68.2g 脂質46.4g 塩分 10.6g	1811kcal 蛋白 69.4g 脂質49g 塩分 10.7g

≪施設使用米≫ 25年度茨城県産こしひかり

※食事の締め切りおよび取り消しは、前日の午後2時です。仕入れの都合により献立を変更する場合があります、ご了承ください。 食事サービス課

週間献立　　平成26年　10月

	19日（日）	20日（月）	21日（火）	22日（水）	23日（木）	24日（金）	25日（土）
朝食	甘塩鮭 だいこんのおかか煮 山東菜おひたし 味噌汁(貝割れ、玉ねぎ)	野菜炒め 南瓜煮 胡瓜とかにかま酢の物 味噌汁(油揚げ、葉ねぎ) 焼き海苔	厚焼き卵 みぞれあんかけ 里芋そぼろ煮 もやし胡麻酢和え 味噌汁(大根、根ぶか)	板わさ 長ひじき煮 納豆和え 味噌汁(茄子、三つ葉) 梅干し	めざし 大豆と昆布煮 はくさいお浸し 味噌汁(さつま芋、貝割れ)	たいちくわ じゃが煮 キャベツ青しそ和え 味噌汁(南瓜、油揚げ) ふりかけ	鯵味りん干し 干しずいき煮 なめたけおろし 味噌汁(じゃが芋、根ぶか)
昼食	さわらの ネギ味噌焼き ごぼうの炒り煮 ブロッコリーのくるみ和え 清汁(手毬麩・貝割れ)	五目日本そば 野菜煮物 りんご入りヨーグルト 稲荷寿司	秋の彩、 五目おこわ 鶏団子と野菜の煮物 白和え 味噌汁(キャベツ、若布)	駿河湾由比産 桜海老かき揚丼 たこの酢味噌かけ リンゴレモン煮 清汁（舞茸、貝割れ）	オムレツとスパの トマトソース 南瓜サラダ コーヒーゼリー コーンスープ パン	さんまの塩焼 鶏肝の生姜煮 かにかまとマロニーの 胡麻酢和え けんちん汁	豚の生姜焼 玉子豆腐 牛蒡胡麻酢和え 味噌汁(なめこ、ほうれん草)
ランチ	きつねうどん しらすおにぎり	エビと帆立のピラフ りんご入りヨーグルト マカロニスープ	野菜カレーうどん 塩おむすび	ソース焼きそば 肉まん	かき玉うどん コーヒーゼリー 焼きおにぎり	とろろそば （温かい） きのこご飯	ワンタン麺 半チャーハン
夕食	豚ひれかつ さつま揚げと白菜の煮浸し 選べる小鉢3品中 1品お選び下さい。 菊花和え、フルーツ、 茄子の生姜醤油和え 味噌汁（なめこ、三つ葉）	刺身 （鮪、はまち、いか） 高野豆腐と野菜の煮物 青菜の和え物 味噌汁(じゃが芋、根深)	秋サバの塩焼き 海鮮ミックスサラダ 小松菜お浸し 味噌汁（もやし、ねぎ）	手造り ロールキャベツ じゃが芋のコンソメ煮 青梗菜のピーナッツ和え かき玉スープ	かます塩焼き 厚揚げの煮物 胡瓜とささみの梅肉和え 味噌汁（若布、玉ねぎ）	カキフライタル タルソース 大根とちくわのあっさり煮 山東菜と舞茸のお浸し 味噌汁（油あげ、茄子）	かんぱちの 煮付け かぶと魚河岸揚げの煮物 ブロッコリーとエリンギ の山葵マヨネ和え 味噌汁（キャベツ、椎茸）
摂取量	1649kcal 蛋白 77.9g 脂質33.3g 塩分 8.3g	1829kcal 蛋白 77.2g 脂質38.9g 塩分 8.4g	1682kcal 蛋白 62.2g 脂質48.2g 塩分 8.5g	1779kcal 蛋白 62.4g 脂質38.8g 塩分 8.6g	1628kcal 蛋白 64.7g 脂質42.4g 塩分 9g	1842kcal 蛋白 65.3g 脂質55.9g 塩分 8.5g	1713kcal 蛋白 72.4g 脂質40g 塩分 8.7g
夕選択食	鯛の煮付け	鶏の水炊き 味噌汁→フルーツ	国産 牛ステーキ重 1440円	すずきソテー トマトソース仕立て	にぎり寿司 1440円	子持ちカレイ 煮つけ	チンジャオ ロウスウ
摂取量	1502kcal 蛋白 73.3g 脂質23g 塩分 8g	1805kcal 蛋白 71.6g 脂質35.7g 塩分 8.7g	1675kcal 蛋白 70.9g 脂質42.3g 塩分 8.5g	1784kcal 蛋白 70.5g 脂質36.2g 塩分 8.3g	1674kcal 蛋白 78.6g 脂質40.8g 塩分 8.9g	1712kcal 蛋白 78g 脂質41.5g 塩分 8.2g	1609kcal 蛋白 68.1g 脂質35.2g 塩分 8.3g

*19日（日）摂取量は選べる小鉢：菊花和えで計算しています。　≪施設使用米≫ 26年度茨城県産こしひかり

※食事の締め切りおよび取り消しは、前日の午後2時です。仕入れの都合により献立を変更する場合があります、ご了承ください。 食事サービス課

週間献立　　平成26年　12　月

	21日（日）	22日（月）	23日（火）	24日（水）	25日（木）	26日（金）	27日（土）
朝食	めざし 五目煮 小松菜のお浸し 味噌汁(玉ねぎ、麩) 焼き海苔	出し巻き卵 高野豆腐煮物 白菜とエノキ辛子和え 味噌汁(もやし、根ぶか)	焼き厚揚げ かぼちゃサラダ いんげんごま和え 味噌汁(大根、若布)	ししゃも 大豆と昆布煮 大根なます 味噌汁(さつま芋、貝割れ) 梅干し	鰺のつみれと野菜煮 金時豆 もやし胡麻酢和え 味噌汁(椎茸、キャベツ)	塩さば 竹輪の炒り煮 ほうれん草お浸し 味噌汁(玉ねぎ、油揚げ) ふりかけ	野菜の卵とじ 金平牛蒡 胡瓜とわかめ酢の物 味噌汁(里芋、三つ葉)
昼食	海老チャーハン 盛り込み ザーサイ 杏仁豆腐 スープ(水餃子)	えぼ鯛の干物 南京いとこ煮 しめじとささみのマヨ和え 清汁(鯛ちくわ　三つ葉)	ガーリックチキン シーザーサラダ フルーツ キノコのスープ	じっくり煮込んだ牛丼 ミックスポテトサラダ ほうれん草胡麻和え 味噌汁(豆腐、若布)	佐倉施設人気メニュー 豚肉とキャベツの卵包み焼 ふきとさつま揚げの煮物 ちんげん菜のカニあんかけ とろろ清汁	北海道じゃが芋の ポテトコロッケ 切干大根煮 アチャラ漬け 野菜スープ	浜松施設人気メニュー 牡蠣カバ丼 しらすおろし オレンジゼリー あおさの味噌汁
ランチ	ラーメン 杏仁豆腐 半海老チャーハン	いなりと太巻き 半うどん	たぬきそば フルーツ シラスおにぎり	月見うどん しめじ御飯	鴨南蛮そば 焼きおにぎり	きのことベーコンスパゲッティ 野菜スープ	焼きうどん オレンジゼリー
夕食	あつあつ鍋のおでん **選べる小鉢:5品中2品お選びください** ねぎとホタテの酢味噌かけ、焼き茄子、ほうれん草お浸し、花豆甘煮、ココアゼリー フルーツ	牛おろし焼肉 かぶの含め煮 ブロッコリーのくるみ和え 味噌汁(豆腐、葉ねぎ)	金目の煮付け 五目巾着煮 青梗菜の辛子和え 味噌汁（もやし、麩）	クリスマスバイキング （1234円） こだわり ローストチキン、 ピザ、 ローストビーフ、 サラダ、 カキフライ、 握り寿司、 カニ甲羅グラタン、 ホワイトシチュー、 ケーキ、 ソフトドリンク 他	鮭ソテーきのこクリームソース 海鮮ミックスサラダ キャベツの胡麻和え かぼちゃスープ	地物 かます塩焼き 信田巻きの煮物 山東菜のお浸し 味噌汁(豆腐、葉ねぎ)	お肉がとろけるビーフシチュー ハムサラダ 海老インゲンの山葵マヨ和え フルーツ
摂取量	1601kcal 蛋白 65g 脂質29.7g 塩分 8.6g	1638kcal 蛋白 74.2g 脂質39.6g 塩分 8.3g	1686kcal 蛋白 61.7g 脂質48.1g 塩分 8.4g		1807kcal 蛋白 74.5g 脂質45.9g 塩分 8.7g	1694kcal 蛋白 64.6g 脂質43.1g 塩分 8.6g	kcal 蛋白 g 脂質g 塩分 g
夕選択食	すずき柚香焼き フルーツ→味噌汁	自家製〆鯖 1234円	豚ロース 香草パン粉焼き		野菜と蒸し鶏 胡麻味噌かけ	鶏の水炊き 味噌汁→フルーツ	帆立貝の バター焼き フルーツ→スープ
摂取量	1494kcal 蛋白 66.2g 脂質24.3g 塩分 8.4g	1596kcal 蛋白 70g 脂質38g 塩分 9.6g	1745kcal 蛋白 58.8g 脂質57g 塩分 8.4g		1907kcal 蛋白 70g 脂質53g 塩分 8.6g	1789kcal 蛋白 63.4g 脂質49.8g 塩分 8.3g	1912kcal 蛋白 50.7g 脂質61.9g 塩分 9g

*21日(日)摂取量は選べる小鉢：ねぎとホタテの酢味噌かけ、焼き茄子で計算しています。　≪施設使用米≫ 26年度茨城県産こしひかり
※食事の締め切りおよび取り消しは、前日の午後2時です。仕入れの都合により献立を変更する場合があります、ご了承ください。 食事サービス課

○○ 朝のパン食メニュー ○○

伊豆高原ゆうゆうの里

	日曜日	月曜日	火曜日	水曜日	木曜日	金曜日	土曜日
朝パン食	ホテルパン オムレツ ロースハム 生野菜・サラダ フルーツヨーグルト ドリンク	お米パン 野菜炒め プロセスチーズ 生野菜・サラダ フルーツ ドリンク	柔らかフランスパン 目玉焼き ウインナー 生野菜・サラダ フルーツヨーグルト ドリンク	ロールパン 海老シューマイ ソフトサラミ 生野菜・サラダ フルーツ ドリンク	ホテルパン スクランブルエッグ ベーコンソテー 生野菜・サラダ フルーツヨーグルト ドリンク	ソフトフランスロール じゃがバター ボイルフランク 生野菜・サラダ フルーツ ドリンク	食パン ハムステーキ ゆで卵 生野菜・サラダ フルーツヨーグルト ドリンク
栄養価	エネルギー: 667 kcal 蛋　白: 26.4 g 脂　質: 32.6 g 食物繊維: 4.6 g 塩　分: 3.5 g	エネルギー: 670 kcal 蛋　白: 29.5 g 脂　質: 33.4 g 食物繊維: 4.7 g 塩　分: 3 g	エネルギー: 755 kcal 蛋　白: 29.6 g 脂　質: 39.9 g 食物繊維: 5.0 g 塩　分: 2.8 g	エネルギー: 699 kcal 蛋　白: 26.5 g 脂　質: 34.9 g 食物繊維: 6.2 g 塩　分: 3.6 g	エネルギー: 771 kcal 蛋　白: 30.2 g 脂　質: 43.5 g 食物繊維: 5.1 g 塩　分: 4.1 g	エネルギー: 770 kca 蛋　白: 26 g 脂　質: 40.3 g 食物繊維: 5.4 g 塩　分: 3.7 g	エネルギー: 564 kcal 蛋　白: 26.1 g 脂　質: 24.6 g 食物繊維: 4.1 g 塩　分: 3.3 g

・ご利用には前日午後2時までにご予約をお願い致します。

・お申し込みは通常の食事予約伝票の朝食欄にパンとご記入ください。　　販売価格　421円

・アレルギーや嗜好で食べられない食品についての変更は出来ませんので、ご注意ください。

・生野菜、サラダ、フルーツ及びフルーツヨーグルトの内容については仕入れの都合により、変更することがあります。

・皆様のご利用をスタッフ一同、心からお待ち申し上げます。

食事サービス

食堂の人間交流

筆者はなるべく食堂で食事をすることをすすめたい。自室で他人の目を意識することなく、テレビでも観ながらゆっくりと食事をしたいという気持ちも理解できないではない。しかし、私はあえて食堂での食事をすすめたい。

自室に閉じこもってばかりいると身なりに気を使わなくなってくる。どうせ人と顔を合わせないのだから、どんな格好していても恥ずかしくないと考えるようになる。人の目を気にしなくなると老化が加速するのは事実である。私は過去に老人を取材したときにそのことを痛感した。

他人《ひと》のことはともかく、私自身も、もし食堂を利用しないということになると、夏はすててこにランニングシャツで食卓に向かったりするのは目に見えている。あちら社会の夏の昼食はいつもそうだった。娘が家を出てから、非難する者がいなくなったので私はだらしのない姿で食卓に向かうことが多くなった。食事のために食堂に出向くというのは、いつも身なりに気を使うということでもある。

食堂に出かけるとき、あまり変な身なり、不潔な身なり、非常識な身なりをして行くことはできない。人の目を気にしなければならない。それが、老化を遅らせることにつながっているのだ。

現に、幾つになってもお洒落をしようという気持ちを持っている人は若い。人目を気にして、それなりの身だしなみをしている人には若さがある。身なりなんかどうでもいいと考えるようになったら老化の第一歩を歩み始めたと自戒したほうがいい。

また、食堂に行って食膳を受け取るためにカウンターに並び、自分の食卓にそれを運ぶという自立心が若さを保つ上に大切なことだ。すなわち、できる限り、自分のことを自分で行おうとする意志を保つことである。なるべく他人の手を借りないで身の回りのことをするという気持ちである。

家内は腰痛で重いものを持つことはできないのだが、本人は人の手を借りないで行おうとしている。私はあえて手を貸さないで本人の意志に任せている。実際、体の不自由な人の中にも、食堂で食膳を運ぶ台車に載せて自分の席まで運んでいる人はたくさんいる。

食堂にはたくさんの人が集まる。顔を合わせれば挨拶もする。すれ違うとき言葉を交わすこともある。ホームに住んでいるということは、一人ぼっちではなく、みんなと共に生活をしているのである。挨拶はホームの中の大切なコミュニケーションの手段である。食堂にはもちろん、一人ぼっちで黙々と食事をしている人もいれば、みんなと同じテーブルに座って談笑しながら食べている人もいる。

実際に老人ホームで人間関係が緊密になるのは、クラブ活動、食堂、風呂である。このことは詳しく後述するが、食堂も重要な社交の場であることを強調しておこう。

夫婦入居の人は二人で食卓に向かうということになるが、一人入居の人は気の合う同士が自然に食堂で同じ食卓について談笑している。一人が気楽という人もいるが、できれば食事を談笑しながら楽しんで行うということをすすめたい。

食堂をうるおいの場所にしている人もいる。そういう人にとって、食堂は毎日のささやかな生きがいの場になっているのである。

ホームの食事と食養生

ホームで提供される食事は、バランスを考慮して作られた献立によるものである。たんぱく質、脂質、塩分、カロリーなどが計算されている。例えばある日の一日のメニューは、総カロリー1675カロリーで、蛋白65・3グラム、脂質39・8グラム、塩分8・7グラムとなっている。朝食から含めての摂取量であるから、三食食べた上での数字である。

私の場合、朝食は自室でパンやレトルト食品、納豆やジュースなど好みのもので済ませているので施設が表示する数字がそのまま当てはまるわけではないが参考にはなる。

本来、理想的なのは三食とも施設が提供する食事を摂ることだ。私自身の体験ではないが、三食ともに食堂のものを摂って間食をしないという人が、入居して標準体重に戻ったという。その人は、それまでは若干メタボの人だったという。食堂が提供する食事を摂っている間に若干太りぎみだった体重が矯正されたのである。

私も家内を始め周囲の人々から、食堂の食事で痩せるようにとアドバイスを受けるが、私の場合、酒との付き合いがあるので、ホームでの食事だけのダイエットは難しい。しかし、あちら社会にいるときより健康な食生活にはなっていると思う。なぜなら、出されたものは何でも食べるように心がけているからだ。

あちら社会ではほとんど好きなものしか食べなかった。家内も嫌いなものを出してもかたくなに箸をつけないのだから、仕方なく私の好物を優先して食卓に乗せるようになる。また、仕事の都合で外食をする場合は当然ながら好きなものしか食べない。どう考えても、健康的な食生活とは言えない。

入居したからには、老人ホームの献立に、いちいち好き嫌いを言ってるわけにはいかない。出されたものは食べなければならない。そういう点を考えても、老人ホームに入居したら、極力食堂の食事を摂るように心がけるべきだと思う。

味付けにしても、私はどちらかというと濃いめの味付けを好む。昔、過度の減塩は体に悪いという記事を書いたりしたものだから、減塩についてはどちらかというと、批判的でもあった。しかし、塩分の摂りすぎと成人病ははっきりした因果関係があることは、今や健康の常識になっている。老人ホームの食事は塩の摂取量も考慮されているのだから安心の食事ということになる。

老人ホームの食事は家庭料理の延長だということができる。実際のメニューを、季節ごとに一週間分を掲載しているので、それを参照してもらえばおよそのことは想像つくはずだ。家庭料理の延長的メニューではあるが、プロが作っているのだから、家庭料理よりは手が込んでいるのは当然だ。

例えば平成二十七年二月の二十二日（日曜日）のメニューは、次のようになっている。

朝はメインが甘塩鮭、副菜は大根のおかか煮、山東菜のおひたし、味噌汁（貝割れ・玉ねぎ)。

昼は通常食はハヤシライス、コールスローサラダ、ヨーグルト(ブルーベリーソース)、わかめスープ。昼のランチ食は、かき玉うどん・ヨーグルト(ブルーベリーソース)、焼きおにぎり(小二個)。

夕食はメインが春の天ぷら茶碗蒸し、副菜は、豆腐のきのこあんかけ、筍の酢味噌かけ、菜の花とあさりの辛子和え、セリのおひたし、スイートポテト、豚汁となっている。夕食はお楽しみメニューと表示されていて、通常料金でのサービスメニューとなっている。

朝のメインの総菜が「甘塩鮭」であるが、塩鮭は家庭料理の定番で、一般家庭ならこれに焼き海苔、漬け物、ガンモの煮物というところだろう。メニューには漬け物の表示はされていないが、たくわん三切れとか、しば漬、きうり、赤かぶ漬、白菜などの漬け物は付いてくる。上記のメニューで見るかぎり、朝食のメニューは、まぎれもなく家庭献立の延長と言えるだろう。

昼のハヤシライスにしても、サラダにヨーグルトとくればこれまた家庭で食べる昼食とあまり変わりがない。ランチメニューにしても同様で、この日はかき玉うどんである。付け合せにヨーグルトの他に焼きおにぎりの小二個が付いている。このランチメニューも一般家庭とさして変わらない昼の食事である。ただ、かき玉うどんでお腹いっぱいになり、二個の焼きおにぎりは年寄りにとって余分である。そのような場合は、私はおにぎりは持ち帰って翌朝の朝食に食べている。

この日の夕食は、お楽しみメニューと特筆されているように、家庭料理にしてはバラエティーに富んでいる。家庭でなら、メイン料理の春の天ぷらと味噌汁で十分だし、家庭の場合には酒の肴に何か一品ぐらい付く程度であろう。

家庭料理にプラス一、二品、多めにつくことで、飽きないで食堂に通えるとも言える。これがレストランのような特別料理の連日なら辟易するに違いない。昔、道後温泉に雑誌の取材で十日ばかり連泊したことがある。最初のうちはホテルの豪華料理に喜んでいたが、五日めぐらいになって、納豆、冷やっこ、焼き海苔の朝御飯が恋しくなって街の食堂に出かけたことがある。余談だが、五十年前松山市の大衆食堂には納豆はなかった。

老人ホームの食事の特色は、少し手のこんだ家庭料理で、かつ栄養的にバランスのよい食事を提供するということだろう。いずれにしても、献立を考える苦労は理解できる。家庭料理に近づけすぎるとホームに家庭料理を食べに来たのではないと不満を感ずる人もいるかもしれないし、あまりかけ離れた豪華料理を出しすぎると、住居者に飽きがくる場合もあるに違いない。

老人ホームの食堂で出される食事は、一般家庭での食事のように、この料理は好きだとか、この食べ物は嫌いだというようなわがままを言うわけにはいかない。少しぐらい嫌いでも我慢して食べなければならない。また、予約していれば、キャンセルするのはもったいないと思うはずだ。

老人ホームでの食事は、食欲がないから今夜は酒だけ呑んで飯はやめにしておこうということもできない。それに、食欲がないと思っていても、食べてみると結構食べられるものである。食欲がなくても食べられれば健康のためには食べたほうがいい。食堂の提供する食事は食養生のためにはメリットがあると言えるかもしれない。

第四章

老人ホームの人間関係

運動会で玉入れで遊ぶ入居者（左）と、
遊戯をするケアセンターの入居者（円内）

あちら社会と老人ホームの人間関係の違い

老人ホームとあちら社会では住んでいる人の生活の目的はまったく違う。極論すればあちら社会は競争社会であり、老人ホームは競争社会を捨てて終末の身を処するためにやってきた場所である。

生産と改革によって営まれているのがあちらの社会であり、いわば躍動の社会であり、激しい流動の日々に明け暮れている。

それに対し、老人ホームは、激しい社会から抜け出して、晩年の一時期を安らかで静かな日々の中で過ごそうと思ってやってきた人たちの暮らしの場である。

あちら社会は競争社会であるから、勝ち組がいたり負け組がいたり、上下関係があったり、支配する人やされる人、富や名誉に恵まれた人、名もなく貧しい人などさまざまな人間模様に彩られている。もちろんライバルだけではなく、幼なじみや学友、悪友、呑み友達など人間関係も多岐にわたっている。

老人ホームは複雑な関係は一切ない。勝ち組も負け組もなければ権力的構造もない。だれもが「老い」という立場に立っている人たちのコミュニティである。偉い人もいなければスターもいない。これほど平等な社会もない。入居するまで、部下や弟子に囲まれていた人たちは、最初のうちはちやほやする人がいなくて、少し物足りなく思うらしいが、しばらくするとその立場の気楽さが心地好いものに思えてくる。

そのような人たちの集団なのだから、人間関係もそれほど難しくはなさそうに思えるのだが、人間の存在するところにはやはり、人間対人間のマナーや心得が必要である。老人ホームには老人ホーム独特の人間関係は存在する。

あちら社会は、端的に言えば老人ホームとは比べものにならないほど広いのである。しかし考えてみると、多くの人は広い社会のほんの狭いエリアでしのぎを削っていたということが言える。広くて狭いから、人間関係は結局のところ希薄になりやすい。あちら社会では、周囲にあまり気を使わずに暮らすことができた。

多くの場合、広い社会の中の会社という一単位の中で主たる人間関係をつくりあげていた。どんな大会社も広い社会から見たら一企業であり一集団にすぎない。

会社の社員同士はライバルだつたり上司部下の関係として、親密につき合ったり、反目しあったりと神経を磨り減らしているが、一歩会社を離れて外に出れば、人間関係にそれほど気を使う必要はなかった。そういう意味では、多くの人は職場人間として生きてきたわけである。

私なども書物の編集者、雑誌記者、ルポライター、売れない小説家……と、マスコミと物書きの世界を広く渡り歩いたが、無名であったために、付き合いの範囲は限られていた。幾つかの新聞社や出版社（雑誌社）、宣伝会社が、主たるお得意様だったが、大きな会社はその中の一部の部や課の人たちとの付き合いしかなかった。私は付き合いのある会社以外ではどこの馬の骨か判らない存在だった。

若い頃、都下の市営住宅に住んでいたが、日中は部屋にこもって駄文を書いていて、夜になって酒を呑みに出かけて遅く帰宅するので、夜の仕事の人と誤解されていた。近所の人は、水商売の人にしては垢ぬけはしていないし、愛想も悪いと思っていたらしい。それほどに近所つき合いは都会では希薄なのである。家庭を持って、長く住んでいれば、やがて素姓も割れてくるが、だからといって特に私は愛想がよくなったわけでもない。

祭りにも、町内会の旅行にも、市民運動会にも参加したことがない。人間関係はもっぱら仕事中心に組み立てられていた。今ではそのことを後悔している。しかしあちら社会はそれでことが済むような人間関係だったわけだ。

老人ホームは自らの意志で参加したコミニュティである。一般社会の近所付き合いとはいささか違うような気がする。あちら社会は老人ホームと比べれば広い。嫌な人とは顔を合わさないようにしようと思えばできる。老人ホームでもめったに顔を合わせることがない人はいる。しかしケアセンターに入った人でもないかぎり月に何度か顔を合わせる。なるべくなら顔を合わせたくないという人を作らないようにしようと私は考えた。

ところが、老人ホームの住民の中にも挨拶を返さない人や冷ややかな人はいる。どこの世界にも相容れないという人はいるものだと、私は老人ホームでそのような人に出会ったときに妙に感心した。あちら社会で、私に反感を持っている人はいたが、それは当然の如く受け止めていた。あまりそのことにこだわらなかった。あちら社会では、全ての人に好意を持たれて暮らすなどということは、最初から期待してなんかいなかった。

しかし老人ホームはあちら社会とは違ってライバルでもなければ、利害関係があるわけでもないのだから、お互いの関係がもっと滑らかと思っていたが、人間の好き嫌い、気が合う合わないはどんな小さな集団にも存在することを知らされた。

この感想も今さらながらで、たかだか、三、四十人の中学校のクラスの中にも気の合う人間もいれば、嫌いな人間もいたことを思い返せば、老人ホームといえど、他人同士の集団なのだから、反りが合う合わないという関係は当然のごとく存在する。

基本的な人間関係においては、あちら社会と老人ホームは、まるっきり違うということはないのかもしれない。

人間関係で私が心がけたこと

私はあちら社会では生き馬の眼を抜くようなマスコミの世界で仕事をしていた。仕事に直接的関係はないと思うが私には結構敵が多かった。私は気障で生意気だったのではないかと、後年になって反省しているが、当時、ずいぶんと私を嫌っていた人もいたと思う。しかしそのこと自体、前述のようにあまり気にしていなかった。

嫌われて嬉しいはずはないが、そのことで深く傷ついたという覚えもない。そんなことでぐずぐずしているほどヒマではなかった。ただ、万人に嫌われたのではフリーの生活など続けられるはずがないので、私に悪意や反感を持つ人ばかりではなかったわけだ。捨てる神あれば拾う神もいたということだろう。

あちら社会にいるときには、実際のところ、他人が自分をどう見ているかなど考えるゆとりがなかった。貧乏暇なしの例えどおり、いつも仕事に追いかけられて日を送っていた。近所の皆さんの中にも「何て愛想の悪い人だろう」と感じていた人もいたはずだ。

断っておくが、私には他人に対して爪の垢ほどの悪気《わるぎ》も気取りもない。ただ、雑誌記者出身のくせに、妙に人見知りをするところがあり、出かけるときなど願わくば知っている人と顔を合わせたくないという思いが心のへりをよぎることがあった。そういう潜在意識が態度に表れ、何となく胡散臭い人だと誤解されたのであろう。私の態度には決して特別の思いがあるわけではなく、単純に気恥しいのである。また、これは覚えがあるのだが、眼が悪いので近所の人だと気がつかずに挨拶をしないで通りすぎてしまい、誤解を招いたということがあった。

いい年になって老人ホームに入るのだから、入ったら誰にも愛想よく声をかけようと心にきめた。人見知りするような態度はいけないと自らに言い聞かせた。問題は自分と肌の合わない人に対してはどう接したらいいかということであった。もちろん、そういう人に対しても、極力自分の感情をコントロールして、相手に不快な思いを与えないようにしようときめた。あちら社会のときのように、自分の感情のおもむくままに人間に対してはならないと戒めたのである。

だれにも理屈ではどうにもならない生理的な好悪《こうお》の感情というものがあるはずだ。特別な理由はないのだが、どうしても好きになれない人というのはいるものだ。そういう相手は、またこちらに対してよい感情を持っていないものである。多分に生理的なもので、理性では処理できない厄介な感情だが、私は老人ホームに入居したら、極力好き嫌いの感情を持たずに人々に接しようと思っていた。難しいコントロールだがそれを実行しようと思っていた。それなのに、老人ホームに入ってから、つい感情的になって、人に怒りをぶつけてしまったことがある。怒ったのにはもちろん理由があるが、いかなる理由があろうと私は自分の決心に汚点を残したことを後悔している。

あちら社会では怒るべきときに怒らないと、取り返しのつかない関係になってしまうことがあるが、老人ホームなら、軽く見られようが、馬鹿にされようがさして生活に影響はない。プライドや自尊心は、老人ホームでは決して益にならない心情である。

生来、孤高を信条としている人はそれなりにわが思いを貫けばいい。人に愛想笑いなどせずにわが道を行く人がいてもいい。現にそういう人がいないではない。ただ、私はそういう人を見て、終末を生きるために老人ホームに入居したのに、孤高の生き方は少し淋しい気がする。私個人の考え方として、孤独が好きという思いは老人ホームにはそぐわない。孤高を貫き通すなら老人ホームには入居しないほうがいい。過度にいたわられることも同情も不要だが、老人ホームでの生き方は他人にはやさしい視線を向けるべきである。

人間、ウマの合う人合わない人がいる。ウマが合うと人と過ごしているのは心地好い。老人ホームでも、どうしてもウマの合う人と話す機会が多くなる。これは当然至極で、別にそのことによってマイナスになるということはない。それはどこの社会にいても同じである。自然にウマの合う人の輪の中に入っていくというのは老人ホームの生活を楽しいものにする。私にもそういう人間関係が存在する。しかし、その関係のために決して排他的になってはいけない。

私の入っている老人ホームでは見聞したことはないが、他の老人ホームの例では派閥に似たグループが存在するという。老人ホームは猿山と違うのだから、ボスを中心に群れるという図は似つかわしくない。

聞くところによると、一方の派閥に入った人に対しては、異なる派閥の人は意地悪をするのだという。他派閥の人に反感を持つのだという。また、中立の人を自分の派閥に入れるために働きかけるのだという。幸いにして私の入居している老人ホームにはそのような派閥は存在しない。あるいはあっても私が気がついていないのかもしれない。何しろ、私はどの派閥からも勧誘されたことはない。あるいは、私はどの派閥からも敬遠されているのかもしれない。

爽やかな個人主義

私は原則としてだれとでも仲良くしたい。ただし私の考えは八方美人とも違う。中には、他人の告げ口をして、相手に誤解させるように仕向ける意地の悪い噂や中傷を流す人もいるだろう。悪口を言われた本人としては迷惑至極この上ない。噂は風評被害のようなものだが、それをくつがえすことはほとんど不可能である。

悪口を言われた本人は不徳のいたすところと考えるしかない。悪口を言われるのには何か原因があるのである。その原因が全くの誤解に発するものだとしても、火のないところに煙は立たぬのことわざではないが、火種となっているのが「不徳」なのである。そう考えて落ち込まないことである。自分にも至らないところがあったから変な噂を立てられたのだと反省して気持ちを前向きに切り替えることである。

人間関係に特別の配慮をしている私も、理由が判らずに嫌われている人が老人ホームの中に三人ばかりいる。挨拶をしようとすると顔をそむけられる。会釈をしてもぎこちがない。何か誤解されているらしいのだが、その理由は私にはまったく判らない。嫌われたのは、前述のように私の「不徳」のいたすところである。しかし、考えても判らないのだからそのことをわが不徳と割り切って気にしないことにした。

老人ホームで安らかに暮らすなら、人間関係をストレスにしないことである。生活に支障をきたすような名誉棄損ならともかく、根も葉もない噂やたわいない中傷なら、聞き流すことである。そして自分を中傷した人を、決して恨まず、まして憎んだりせずにてんたんとしていることである。

産地の食物、あるいは商品に対しての悪意の風評は、品物が売れなくなったりするので死活問題だが、老人ホームにおける人間関係の風評被害ならさしたる実害もない。

人間関係にしっかりした信念を持ち、つまらないデマや中傷に一喜一憂したりしないで、爽やかな個人主義を貫くことである。もちろん、わざわざ断るまでもないことだが、個人主義は利己主義ではない。

自分の行為が他人の迷惑になったり、ひんしゅくを買うようでは、爽やかな個人主義とは言えない。自分自身、気がつかずに他人に迷惑をかけているかもしれないから、その点では、いつも注意を払いながら生活しなければならない。

風呂でよくシャワーの飛沫をかけられることがあるが、自分も人さまにかけている場合もあるのだ。シャワーの問題で人間関係が損なわれたり、村八分になることもないが、案外気がつかないうちに周囲の人に飛沫を浴びせていることもあるのだ。

うっかりしての失礼だとしても、傍若無人の振る舞いで平気な顔をしている人もある。自分の振る舞いが周囲に迷惑をかけていることを気がついていないのだ。自分が他人に迷惑をかけながら爽やかな個人主義ということはあるまい。

私が心して自分に戒めたのは、他人に迷惑をかけないということだった。そして他人に与えられた迷惑はなるべく許してやるということだ。他人より受ける不利益を甘受する必要もないが、自分が他人よりいい思いをしようとは考えないことだ。

相手の身になって行動し、一方で、周囲の目を気にしないで自分の信ずる道を歩むということが大切だ。相手の身になって考える優しさを持って生きることは老人ホームの生活にとって大切なことである。

爽やかな個人主義の背景に流れているのは人間に対する優しさである。相手のことを思うというのは、相手の身になって行動することである。自分の歩む道も大切にするが、相手の歩む道にも優しい視線を向けることである。

老人ホームの恋愛

前著「老人ホームの暮らし３６５日」の読者から電話をいただき、老人ホームの恋愛について質問をうけた。電話をいただいたのは、六十代半ばの男性で妻を五年前に亡くした人だ。質問の要旨を端的にいうなら「老人ホームに入って恋愛ができるか？」ということだった。私には妻がいるので、老人ホームの入居に際して、ホーム内の恋愛については考えたことはなかった。だが、私には老人の性を題材にした小説の拙著がある。どうやら、その男性はその著書も読んだ上で私に電話をかける気になったらしい。

私は四十代の頃、老人ホームの取材をしたことがある。取材の目的は雑誌に記事を書くためである。当時、注目を浴び始めた老人ホームの実態を、週刊誌の別冊に紹介するための取材であった。実は、その取材の副産物として、多くの老人の恋愛の事実にふれる機会を得たのである。

当時私は年齢が若く、正直な気持ちとして、老人の恋愛についてはまるで他人事であった。老人の恋愛の事実を知っても、身につまされるところは何一つなかった。

私が老人の愛と性について小説を書く気になったのは還暦を迎えてからであった。小説を書く段になって改めて何十人かの老人に対して補足取材をした。その折に老人ホームの人たちにも会って話を聞かせてもらった。念のために断っておくが、私が取材した相手は、今、私が入居している老人ホームの人たちではない。

小説が刊行されたのは、もう十年以上も前の話になってしまったが、そのときは、自分が老人ホームに入居するようになるとは考えてもいなかった。

小説の舞台として老人ホームが描かれたが、執筆の動機は、老人ホームの恋愛小説というより、一般の高齢者の恋愛について書こうと思ったのである。ただ、三十数年前に老人ホームの取材をしたときに老人の恋愛という題材に接したわけだから、小説の背景が老人ホームになったのも当然であった。しかし、私は特別に老人ホームの恋愛に精通しているわけではない。

私の今入居している老人ホームでも、もちろん恋愛をしている人たちはいる。私が入居してからも、そのようなカップルに出会い、愛を育んでいるのを実際に目にした。当事者と話し合ったこともある。実際のところ、あちら社会であろうが老人ホームであろうが、恋愛の形や質に変わりがあろうはずがない。男と女が愛し合うことはいいことであり恥ずべきことではない。年齢が老境に入っていることも気にしなくてもいい。

ただあちら社会なら、不幸にして別離を迎えなければならない時がきても、別れた後、お互いに顔を合わせないようにしようと思えばできる。老人ホームという小さな社会では、別れた後、かつての恋人同士が、生涯顔を合わせずに暮らすということはできない。親しい人と仲たがいしたり、恋人同士が別れなければならなくなったとき、その後顔を合わせずにいるということは難しい。顔を合わせるたびに気まずい思いをしなければならない。それはつらい話だ。恋愛の感情は永遠に続くものではない。いつの日か別れのときがくることは考慮に入れておかなければならない。

別れた後に、同じ老人ホームの施設の中で顔を合わせるということは、これは、相当につらい話である。別れるということは、愛を育てられなくなった理由というものがあるはずだ。いかなる理由であれ、一度愛した相手に対して愛の放棄を宣告するわけだ。一方にまだ未練がある場合には別離の宣言をする人は相当の覚悟がいる。

中には、割り切った大人の遊びとして処理している人もいて、そういう人は愛が終わってからも仲良しの友人としてつき合っている。お互いに独身なのだからそのような関係をふしだらと非難することもない。

愛する相手の老化が進み、自然に愛に終わりが来たという例はいくつもある。私の知っている例は、年上の女性と年下の男性の恋愛だが、女性の老化が進み、恋人としての関係には終止符が打たれた。しかし、その後も男性は女性の買い物の代行を手伝うなど、隣人としての関係は続いている。このような例は理想的である。

他の老人ホームでは結婚をしたという例もあるらしいが、私の入居している老人ホームには結婚の例はない。少なくとも私の知るかぎりはない。

ホーム内の恋愛に対して、住民たちは我関せずの大人の対応をしている。施設側でも私的な恋愛に干渉することはできない。見て見ぬ振りというのは当然のことである。

本人たちも人生の達人なのだから、見て見ぬ振りの対応に感謝しながら、なるべく人の見ているところではあからさまに関係を誇示するような振る舞いは慎むべきだ。ただし、それは二人の関係を隠密にするという意味ではない。卑屈にならず、はしゃがず、自然に振る舞うということである。

第五章

趣味の同好会

伊豆高原ゆうゆうの里の同好会でのひとこま

私のサークル活動

老人ホームの入居を決めるとき、心のどこかで、誰もが新しい人生を生きてみようと考えている。新しい人生というと、もっともらしい言い方だが、晩年を遊び暮らしてみようということである。すなわち仕事に明け暮れた半生と決別し、老人ホームに入ったら今までの欲求不満を埋め合わせるように好きなことをして過ごしたいという思いである。

ある人は、好きなゴルフを思う存分楽しみたいということが、老人ホームの入居の最大の動機だと語っている。

「あちら社会では仕事の関係で、行きたいときに行けなかったり、また仕事がらみの接待ゴルフで、心底ゴルフを楽しんだということはなかった。仕事をリタイアした今、思う存分ゴルフを満喫したい。そう考えて老人ホームに入る決心をした。それでゴルフ場に近い老人ホームを選んだのだ」と語っている。その人にとって、余生を存分にゴルフを楽しみたいという理由が老人ホームの入居の決め手になったのだ。

私は仕事を半分引きずった形で老人ホームに入ったので、当初は老人ホームに入ったらあれをやろうとか趣味を楽しもうということは考えてはいなかった。それでも心の片隅には、老人ホームに入ったら少しは好きなことをして遊んで暮らしたいという気持ちはあった。老人ホームに入る前は仕事にかこつけた酒場遊びが日課だった。酒場通いの延長でカラオケがあった。行きつけの酒場やスナックで酒を呑みながら歌うのである。これが楽しみで酒場に通ったということもあった。

若いときは、酒場通いの他に麻雀にのめり込んだ一時期があった。連日連夜の麻雀ということもあった。高いレートの賭け麻雀で、遊びと言うには少し殺気立っていた。ずいぶんとカモられた。しかし、長年の麻雀相手が定年になったり、病気になったりして常連のメンバーが散り散りとなり、連夜の集まりがいつの間にか自然消滅の形になった。以来四十年くらい麻雀牌にふれていなかった。老人ホームに入ったら麻雀も悪くはないなと漠然と考えていた。

入居して少し落ち着いてから、私は俳句会とカラオケ同好会に入会を申し込んだ。私が入会したとき、俳句会は六、七人のメンバーがいて、外部から講師を招いて、月に一度、句会を開いていた。講師の謝礼を含めて会費は二千円だった。ただ、私が入会して半年ばかりの間に、メンバーの他界やケアセンターへの移動が相次いで平成二十六年の春ころより会員が激減した。メンバーが少なくなり、講師への謝礼もままならなくなり、やむなく休会となった。

残された正式メンバーは三人ほどで、三カ月ばかりの休会の後、私が世話役となって、ほそぼそと再開した。講師なしの文字通りの同好会で会費は無料である。俳句の研鑽というよりボケ防止を目的とした俳句の言葉遊びをするクラブである。それから一年、平成二十七年五月現在、会員が六人に増えている。

私の俳句歴は十代から続いていて、約六十五年と相当に古いのだが、後年私は、物書きを生業《なりわい》とするようになったために、俳句を正式に趣味として表面的に打ち出したことはなかった。

物書きの仕事と俳句は全く別のジャンルなのだが、心情的に何となく同じエリアの中の作業のような気がして、俳句をやっていることを自分の口から言い出すのにためらいのようなものを感じていた。潜在的に俳句では飯が食えないという思いもあって、飯の食えないものを密かに続けていることに後ろめたさに似た心情があったような気がする。

自分では思い上がっている気はいささかもないのだが、その心根には原稿料のもらえないものは遊びで、プロの自分が手を出す分野ではないと考えていたふしがある。思い上がった気持ちとは違うのだが、そんな経緯から、幾つかの俳句結社から入会するように求められたが結局入会はしなかった。

私はつまるところ、「俳句おたく」から抜け出せないでいたわけだ。作品はノートに書きなぐって日の目を見ることはなかったのだが、やっと老人ホームに入ってから正式の句会に参加することになった。ただ、過去に何度か幾つかの句会にゲストとして参加したことがあり、句会の雰囲気は知っていたので、老人ホームの句会に入会したときに、あまり戸惑うことなく句会の雰囲気に溶け込むことはできた。

余談だが、老人ホームに入居して間もなく、仕事で上京のおり、出版社の社長と夕食を共にして、かねてから考えていた「通俗俳句論」なる暴論を酒の肴にした。すると、それを聴いた社長は、物好きにも俳句おたくの通俗俳句を本にしてくれるという。この出版がきっかけで、永遠に日の目を見ることはないだろうとあきらめていた拙句が、思いがけずに発表の舞台を得ることになった。

老人ホームの句会のメンバーが減ってきて、句会を休会にしようということになったとき、せっかく著書を出したのに再び俳句おたくに逆もどりかと半ばあきらめていたところ、話の成り行きで、私が世話役として句会を続行することになった。

これも余談で、新しい拙著の宣伝であるが、本書の執筆に取りかかる前に「心に火をつけるボケ除け俳句」なる一書を脱稿した。本書が刊行される前に書店に並んでいるはずである。ボケ防止の俳句に興味のある方はご笑覧いただきたい。

俳句の次にカラオケの同好会の話をしよう。

私が老人ホームに入居して、比較的早い時期にアプローチしたのはカラオケ同好会である。カラオケの同好会は老人ホームでは正式なクラブ活動として認知されていない。

現在のカラオケ同好会は、第一月曜日と第三月曜日に集まっている。カラオケは老人ホームの敷地内で行われてはいない。近くのスナックに集まるのだ。町のスーパーマーケット前までホームが運行するバスで出て、そこから歩いて十分くらいの距離にある「ポニー」というスナックが活動の拠点になっている。メンバーは、そのスナックで二時くらいから夕刻五時くらいまで歌いまくるのである。

席料は歌い放題千円で、菓子類、コーヒー、おつまみなどがつく。そのほかにビール、日本酒、焼酎、ワインなどがあり、呑み代は席料に加算されるようになっている。ちなみにビール二本（中瓶）で席料ともに二千円である。日本酒も酒二合で席料ともに二千円である。この値段で帰りはママさんの運転で、老人ホームまで送ってくれる。コーヒーだけなら千円で歌い放題である。帰途の車で送ってもらうことを考えると安いものだ。

メンバーの中の最長老は九十三歳の男性で、ビール二本で楽しそうにみんなの歌に耳を傾けている。自らも自分の持ち歌を三曲ほどうたう。この人は以前は麻雀クラブにも入っていたが、みんなに迷惑をかけるからと麻雀は平成二十五年に辞退した。

「ガンと同居しているんだよ」と淡々と語るが、毎日アルコールは切らさない日常生活を送っている。

俳句、カラオケに次いで私は麻雀クラブに加入した。

麻雀は、火木土の三日間が活動日である。冷暖房完備の立派な麻雀室がある。麻雀卓は二つあるが、今は一つしか使われていない。

メンバーは十四、五人おり、火木土に割り振られている。私は現在、木曜日のメンバーである。私は最初週二日間のメンバーになっていたが、時々仕事で上京するために何度かキャンセルをし、菅野は当てにできないというので当初補欠に回されていた。今では麻雀日に当たらないように仕事のスケジュールを調整している。たまたまその日にかかった場合、午後一時半の開始に間に合うように朝早い新幹線で東京から帰ってくる。今では木曜日のレギュラーメンバーとして定着している。

私が入会したてのころに、九十六歳の古参の女性がいて、したたかにやられた。何しろ私は四十年目のチャレンジで、相当に腕もにぶっていたに違いない。負け惜しみで「賭け麻雀なら負けないのだが……」などと心のうちで思ったりしていた。

もちろん賭け麻雀は違法であるし、老人ホームなどの特殊なコミュニティでは、賭け麻雀は人間関係を損なう恐れもある。

老人ホームの麻雀は、純粋にゲームとして行われているが、長い間続けていると、単なるゲームでも、ライバル心も生まれてきて「今度こそは××さんに勝ってみせる……」などと、闘争心も生まれてくる。週に一度の麻雀日を私は心待ちにしているのである。私と同じ木曜日の八十五歳の男性は、切ないほどに麻雀を心待ちにしている。体調が万全ではないのだが、「這ってでも行く」と本人は語っている。

実際、老人ホームの過ごし方の重要なポイントとなるのがサークル活動であろう。もちろん自分なりに特別な過ごし方を持っている人は別である。

例えば老人ホームの中に太極拳のクラブはない。それでわざわざ外のクラブに入会している人もいる。また、中には生涯学習をモットーに、地元が開催する生涯学級を受講している人もいる。

入居者の中には、遊びの時間を濃密に組み立てている人もいる。コーラス、麻雀、カラオケと貪欲に幾つものサークルに加入して、他に老人ホーム主催の月二回の映画会を鑑賞している人もいる。こういう人は一週間はすぐに巡ってくる。

自分なりに実行している日課、例えば歩くこと、旅行、食べ歩き、料理、カルチャースクールなどと、老人ホーム内のサークル活動を結びつけて、多忙な日々を過ごしている人もいる。

老人ホームのサークル活動紹介

私の入居している「伊豆高原ゆうゆうの里」は平成二十六年に三十五周年を迎えた。日本の老人ホームの中でも老舗の部類に入るだろう。古い老人ホームだけに、過去にいろいろなクラブが立ち上げられ消えていった。

老人ホームだけに、中心になって活動する人が年老いたり、倒れたりすると、後継者がいなくなり、そのまま消滅してしまったものも相当数にのぼる。一度立ち上げて消えてしまったクラブが、何年か経って新しいメンバーによって、再度、形を変えて立ち上がって来たものもある。私が世話人をしている俳句会などもその一つと言えるだろう。

平成二十六年の文化祭（十月三十一日・十一月一日、二日）で、サークル活動の現状が紹介された。活動状況のコメントと写真が展示された。この展示は実際の活動とその時点でのメンバー構成、問い合わせ先などが明示されている。約一年経っているので、各クラブともに、メンバーの人数や活動状況に若干の変動があるが、その資料をもとに必要な点を紹介することにする。

紹介するクラブは現在活動中のサークルで、どのクラブも、もっともっと多くの仲間が増えることを歓迎している。

●ゆうゆうの里のサークル活動（順不同）

［コーラス部］

伊豆高原ゆうゆうの里の花形クラブである。昭和五十二年に発足、三十四年間の実績を誇る老舗クラブである。外部より音楽家を招いて毎週土曜日に特訓を受けている。ソプラノ、メゾソプラノ、アルト、テノールの四部構成になっている。

春の開設記念日や秋の文化祭には欠かさず発表して居住者の共感を呼んでいる。クラブ員の人数も多い。外部の音楽界でも高い評価を受けている。

発表会には女性は白のブラウスに黒のロングスカート、男性は黒のズボンに白い背広に蝶ネクタイである。

［アンサンブルYOU］（楽器演奏）

比較的新しく結成されたグループである。身近な楽器、ハーモニカ、木琴などを使って懐かしい童謡や歌謡曲を演奏して楽しむ。二十六年の文化祭では発表の場をもった。

月に一度外部よりミュージシャンを招いてレッスンを受

コーラス部

アンサンブルYOU

けているが、その他の週にも、会員は自主的に集まって練習している。

〔デッサンの会〕

デッサンの画材では良く使われている木炭を使い石膏デッサンを行っている。会員の中に経験豊富な人がいてアドバイスをしているので初心者でもめきめきと上達している。出来上がった作品はコミュニティセンターに飾ったり文化祭に出展したりする。

デッサンの会

〔囲碁同好会〕

まさに高齢者向けの格調高い遊びである。考える楽しさ、見る楽しさ、戦う楽しさ、そして何よりもボケ防止に最適である。沈思黙考、そして石を握り盤面を打つ、その微妙な静と動のなかにボケ防止の秘密が隠されているのだ。

[自然を楽しむ会]

まさに自然に囲まれた伊豆高原のゆうゆうの里にふさわしい会と言えるだろう。訊いてみると、この会の母体となった活動は相当に古いらしい。自然に魅せられた先住の入居者が伊豆高原の植生を守るために平成十七年三月に「緑の憲章」を制定し、加えて樹木管理と庭園管理基準の原案を作成したというから本格的である。この原案が現在の管理基準の基礎になっているという。

平成二十年十一月にサークルの名称を「自然を守る会」と改めて活動を継続してきたが、平成二十五年四月から「自然を楽しむ会」と改め、身近な自然とのふれあいや、四季折々、会員同士が緑や花の情報を交換して写真や散策を楽しんでいる。

[百人一首の会]

これも高齢者にふさわしい趣味と言える。歌を聴き、手と体を動かしてかるた取りを楽しむのである。ボケ封じと健康に最適の趣味である。正式のかるた取りは格闘技のように激しいが、マイペースでのかるた取りは優雅である。

［静聴会］

キリスト教の礼拝を映像で観る会である。キリストの教えはクリスチャンだけに有効というわけではない。人間の生き方、考え方を心に刻んで老後の生き方の一助にすることもできる。心静かにキリストの教えに耳を傾ける静かなひとときを共に過ごそうという会である。毎週金曜日の十時から十二時までの二時間である。

［聖書グループ］

聖書の教えを解説する牧師のＣＤを聴いてキリスト教に開眼しようというサークル。趣旨は前述の「静聴会」に似ている。会員は静聴会と同じメンバー。キリストの教えの真髄にふれてみようというサークルである。毎週月曜日、午前十時から二時間。

［読書会］

当番が月に一冊、話題の本や暮らしに役立つ本を決め、みんなで回し読んで毎月第二土曜日（一時半から三時半）に話し合う。詩集あり、小説あり、エッセイ、実用書などジャンルは広い。

【ヨガ】

外部から講師を招いて週に一回トレーニングをしている。本格的なヨガというより、血液やリンパの流れをよくするセルフマッサージ的な健康増進のヨガである。高齢者にも無理なくできる。毎週木曜日の月に四回。

【ゆうゆう句会】

「ゆうゆう句会」は歴史も古く、ひと頃は会員も多く全盛を極めたという。かつての会員たちは老齢で引退し、私が入会した翌年、平成二十六年に休会した。それから三カ月ほどして、前述したように、筆者が世話役になって続けている。俳句の文芸作品を作るというより、老化防止を目的

ヨガ

著者の俳句本を手にする「ゆうゆう句会」のメンバー

とした頭の体操を重視した俳句会である。五・七・五の言葉の中に季節の言葉を取り入れて作る言葉遊びである。季節に敏感になり、言葉を考えることは有効なボケ防止である。毎月第三火曜日に句会を開いている。

〔麻雀愛好会〕

指と頭を使う麻雀も老化防止の遊びである。現在、火・木・土にそれぞれの常連が決まっているが、会員が増えたらチームを増やして月・水・金に持ってくればいいわけだ。割に希望者の多いクラブである。私も毎週木曜日を楽しみにしている。

〔カラオケ同好会〕

この会も私が参加しているサークルである。前述したよう

麻雀愛好会

カラオケ同好会

に施設内ではなく、外部のスナックに拠点を置いている。おつまみ、ソフトドリンク付で千円が基本料金。アルコール類は別途加算される。

声を出して歌うのも老化防止の一つ。人はだれでも歌にまつわる思い出を持っており、この追憶や郷愁が脳を刺激し、頭の体操になることは科学的にも実証されている。演歌、軍歌、ナツメロ、シャンソン、ポップス……と、曲目は自由である。九十三歳の男性は同好会創設の頃からのメンバーだという。

［アスレチックジム］

これは遊びの同好会ではないが、任意で加入するのだから同好会のようなものだ。月曜日から土曜日まで、朝の九時から午後四時までチーム別に行われている。一チーム四名、祝日の休日も休み

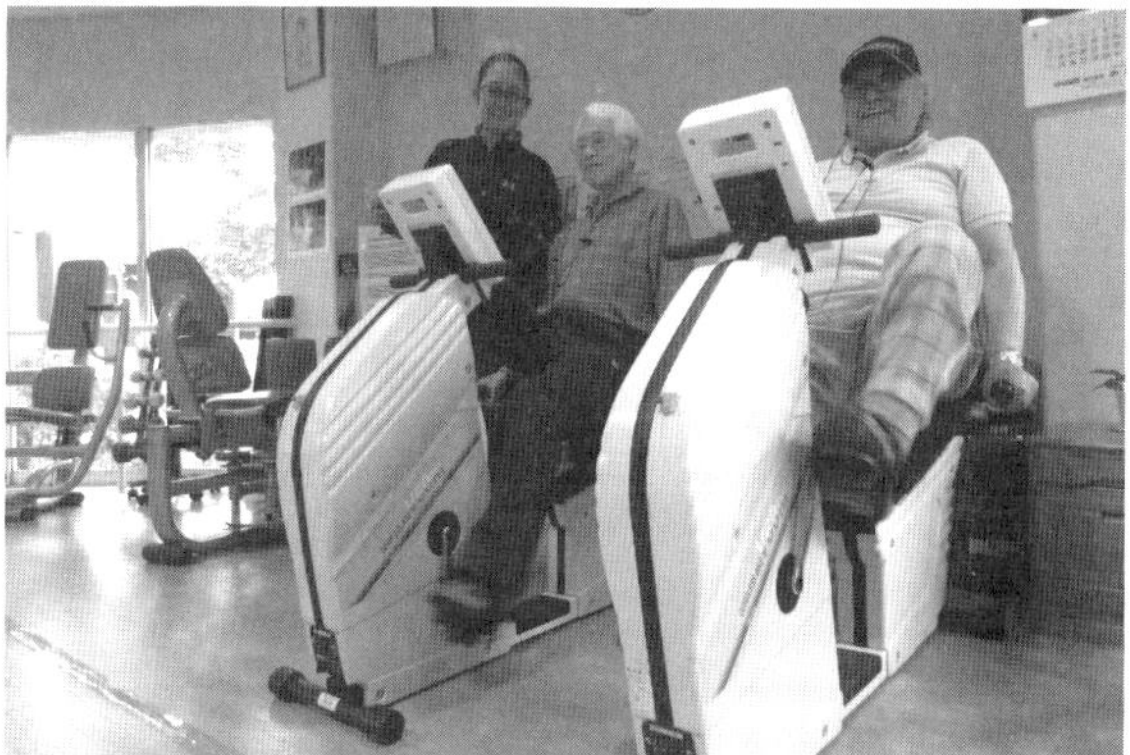

アスレチックジムで汗を流す

なしである。トレーナーの指導のもとに、マシンを使ってのトレーニングや器具を使用しての腹筋運動などを行う。最高高齢者は九十四歳の男性。

アスレチックジムは、老人ホーム入居者の健康支援プログラムの一つとして行われているもので、参加者の記録を取って推移を見守り適切なアドバイスを行っている。

ちなみに筆者は土曜日の九時のチームで、自転車漕ぎなどに汗を流している。本書でも書いているが、ホームに入居前、伊豆高原ゆうゆうの里でアスレチックの体験見学会があった。それに参加した私は、アスレチックに興味を持って、ホームへの入居の決断をしたという経緯がある。アスレチックジムを体験したことが入居をためらっていた私の背中を押したのである。

楽しみなホーム内の掲示板

老人ホームには作品掲示板がある。掲示板には老人ホーム入居者の作品が掲示される。写真、書、川柳などである。以前は俳句もこの掲示板だったが、俳句は別な場所に常設の掲示スペースをいただいている。

掲示板を華やかに彩るのは写真の展示である。写真で生活をしていないのだからアマチュアなのだろうが、玄人はだしの作品ばかりである。

一人の写真家はムードのある風景を切り取って写真にし、これに洒落たタイトルをつけている。写真タイトルの一行が詩になっているので、俳句の素養があると思って、会うたびに句会の入会を勧誘するのだが、いつも断られている。

もう一人の写真家の写真は、虫や小鳥、蛙などの生き物のアップ、意外な姿態、表情を上手にとらえている。または、花や花心の接写で視角的なインパクトを観る人に与えている。面白い写真だといつも感心している。この人の写真は日常の中にある非日常を観る人に突きつける。

またある人は旅行の写真を、コミュニティセンターの廊下に展示している。なかなかの写真技術でピントの合った四つ切りの写真を展示して、各写真に詳しいキャプションをつけている。多くが外国旅行の写真で、エキゾチックな街の風景、牧草地帯、海辺の風景などが飾られる。旅の思い出のおすそ分けという感じで楽しく拝見している。

いつも、私が唸らされているのは川柳である。この人はおそらく川柳作家としては有名な人に違いない。私は俳句会の世話役をしているが、川柳の世界にはうとい。不明にしてこの人の名前は知らない。今度友人の川柳作家に訊いてみようと思っている。私の通俗俳句の作品に比べて一日の長がある。この人の作品は本道を行く川柳である。社会風刺や時事問題が余すところなく含まれている。小気味のいい作品で、かすかなユーモアもあり川柳として一級品である。

この他に油絵、水彩、石膏デッサンの作品が展示されている。どの作品も老いを感じさせない力作ぞろいだ。中には若いときの過去の作品を展示している人もいるが、それはそれで楽しい。油絵などでも、エネルギッシュな筆致や色使いなどに思いがけない作家の若き日の風貌が想像されるのだ。

競技、ゲーム、ツアーなどの楽しみ

自立型老人ホームは元気な間に入居して、余生を楽しみ、安心して終末を迎えるというのが一連の流れである。自立型の老人ホームは、元気なうちに入居するわけだから、老後は貪欲に楽しみを求めて生活するというのが普通である。

老人ホームでの楽しみ方は、前述のように各自それぞれだが、やはり競技やゲームが箇便で楽しみも多いようである。技を競い相手と勝負するという遊びは快感があり、やはり人気がある。

サークル活動として実施されているわけではないが、私の入居している老人ホームでは、さまざまな競技を企画している。「グランドゴルフ」「ボウリング」「卓球大会」などが定期的に企画されて人気を集めている。募集の張り紙をすると、またたく間に定員がいっぱいになる。それぞれに発起人がいて、ときどき大会を開いては競技やゲームを楽しんでいる。卓球大会やボウリング大会は月に一度の割合で開かれている。

このような競技の合間に、季節に応じて「初詣でツアー」「山焼き見物ツアー」「梅園散策ツアー」「夜桜観桜バスツアー」「富士山ドライブツアー」「紅葉狩りツアー」などが盛り込まれている。老人ホームの暮らしが単調にならないように、暮ら

グランドゴルフに興じる入居者（現在はサークル活動に昇格）

しに彩りを添えようという企画である。

ツアーという大げさなものではないが、定期的に散歩の会という企画もある。文字通りの散歩である。ホームから歩いて行けるような散歩コース、例えば歩いて行ける近くの観光地、あるいは名所、時には新規開業の店などへ職員が案内してくれる。

コースは施設側がいろいろ考えて決める。職員の先導で参加者は散歩するわけだ。職員は案内と付添いを兼ねている。目的地に着いて、お茶を飲んだり、買い物などを楽しんで帰ってくる。参加者の中には、年齢的に自分の行動に不安を感じている人もいる。そんな人たちも、職員のサポートで参加を決心する人もいるのだ。

朝の十時過ぎにホームを出発し、昼前に帰ってくる二時間足らずのコースである。一人では心もとないという人も、職員が案内してくれるから安心である。途中で歩けなくてもタクシーを手配してくれたり、みんなが協力して介添えしてくれるので、安心して参加できる。

このような定期的なお楽しみ会はサークル活動とは別に行われている。入居者は自分の好みにあった企画に随時申し込むことで参加できる。ツアーや散歩の会は、クラブ活動と違って定期的に参加しなければならないという義務感もない。気が向いたときだけ参加すればいいのである。

月に一度、「楽しく歌う会」が開かれている。この会もサークル活動ではない。有志が集まって渡された歌詞と楽譜で歌う。古い唱歌、歌曲、童謡、ナツメロなどをみんなで合唱する。声を出して高らかに歌うことでストレスを発散するということだ。ちなみに平成二十七年一月の楽しく歌う会の曲目は「冬景色」「坊がつる讃歌」「星の界」「白銀は招くよ」「雪の降る町を」であった。

第六章

老人ホーム入居のメリット

自然豊かな伊豆高原（中央）
居住者の憩いの場、施設の池のほとりにある東屋（右下）

安心の終末

老人ホームの入居の最大の目的は、くり返し述べているように、介護の手と場所を事前に確保しておくことによって、安心して終末を迎えることができるということである。自立型老人ホームの最大の特徴である。

どのように終末を迎えるかということは、老いた者にとっての最大の気がかりである。自分の終末をだれにゆだねるかということである。多くの場合、自然の成り行きで頼るのは身内である。大昔からの慣習で親の死を見届けるのは子供と決まっていた。

日本の家族制度では、家督である長男が両親の老後と死を見届けるのが一般的な形であった。したがって、多くの人は長男の嫁に面倒を見てもらって最期を迎えたのである。

現代では家族制度はよくも悪くも変容している。極論すれば家長制度は崩壊していると言っていい。法律的にも子供の親に対する責任と権利は長男、次男に関わらず平等である。

すなわち、長男であるから責任が重く他の子供の責任が軽いということもない。遺産の相続も平等である。

こうなると、親もかえって心配である。たとえ、やさしい子供ばかりではあっても、どの子に見送ってもらえるのか不安である。新聞などの人生相談を読むにつけても、子供たちで親の介護の押しつけ合いをしている。逆に親の方に特別に目をかけている子供がいればいたで、他の子供たちが、あの子だけを可愛がると言ってひがむわけだ。

親にしても、終末を迎えるにあたり、子供の家を転々とするわけにはいかない。冒頭で二所帯住宅の話をしたが、そこにもいろいろと問題が山積している。

実際、人間の人生の終わりもままにならないことを痛感する。以前の拙著にも書いたが姥捨て山の伝説は身につまされる。人間、無用になって山に捨てられるというのは、非情の伝説というより、あるべき真理の一つの形である。人間の人生の最期は、深山での凍死というのは終末の厳粛な儀式と考えることもできる。

人間は必ず老いて死ぬ。この真理は真理であるゆえにだれも避けて通るわけにはいかない。だれ一人の例外もない。しかし自ら姥捨て山にさまよい入るわけにはいかない。最期の最期まで人間としての尊厳を失わず、そしてだれにも迷惑をかけずに、死の季節が至れば、落ち葉のように土に帰るためには、己の終末を介護のプロにゆだねなければならない。だれもが、人間としての優しさに裏打ちされた終末始末人の冷静な介護によってのみ安心して生涯を閉じることができるのである。

のたれ死に、孤独死、自立死……、いかなる死に方も他人に迷惑をかけることになる。みじめな死に方をすれば、人間としての輝かしい人生に汚点を残すことになる。

信頼できる老人ホームに入居するということは、終末に禍根を残さないための手段ということである。すなわち、介護のプロにわが終末を見届けてもらい、安心して生涯を閉じるということである。

規則的生活とバランスのいい食生活

老後を自宅で過ごすということになると、どうしてもわがままになりやすい。生活のリズムも自分勝手になりがちだ。好きなときに起きて好きなときに眠るということになりかねない。私などはきっとそういうことになるのは目に見えている。

克己心の強い人で、自分の生き方に筋の通ったけじめのつけられる人は話は別だ。実際にそういう立派な人も珍しくはない。

一人暮らしの男性の老人で、きちんとした生活を維持している人を知っている。この男性は六十代の半ばで妻を亡くし、以来十年余り一人暮らしである。子供は一男一女で、二人の子供はそれぞれに所帯を持って外に出ている。

妻を亡くしたとき、長男が同居をほのめかしたが、本人が断った。妻が病床に倒れて一年あまりの日々を、炊事、洗たく、掃除をそつなくやってのけた。彼は決してコンビニの弁当やレトルト食品に頼ったりしなかった。栄養のバランスを考えた料理をつくったり、小まめに病人食をつくった。

妻が亡くなり、看病の負担がなくなって後は、自分一人の生活に何一つ不自由をしていない。買い出し、炊事、ゴミ出し、掃除、洗たくと手慣れたものである。

たまたまある日、私は、彼の家で酒を呑む機会があった。突然のことでもあり、私としては缶詰や乾き物、出来合いのお総菜で一杯やるつもりだったが、彼は枝豆を茹で、野菜を煮込み、焼き魚を手際よく料理した。漬け物は自家製の糠漬けであった。

トイレも風呂場もきれいにしているのに感心した。突然の訪問なのだからにわか仕立ての掃除とも考えられない。いつも、きれいに暮らしているのに感服というより「ああ、私にはとてもかなわない……」と脱帽した。このような人は体が動く間は一人暮らしもそれなりにやって行けるであろう。自分で自分を律し、三食の食事にも配慮が行き届くに違いない。女性の場合は、規則正しく生活している人がたくさんいるが、男性では非常に珍しいケースだ。

仮に私が老人ホームの外で一人暮らしということになれば、コンビニ弁当に万年床は必至である。掃除は週に二日くらいプロに頼むということになろう。酒の一升ビンを抱えながら、結局三食コンビニ弁当になる。現代のコンビニ弁当は栄養のバランスに配慮しているとは言え、一年中弁当ではやはり体にいいことはないはずだ。

私が老人ホームに入らざるを得なくなったのは家内が腰痛で炊事と掃除が辛くなったためだ。家内に何度も食事は弁当か出前にしようと提案したのだが、いくら年寄りになっても、安易な暮らしをしたくないというのが家内の考えだった。外食に出かけるのにも腰痛では楽しいはずもない。まともな老後を過ごすために、家内の希望を入れて老人ホームに入居するということになった。

私は酒の一升ビンさえ身近にあれば、少々の不満と不便には耐えられると思ったのだが、おそらく、そのような生活を選んだら、栄養失調、アルコール依存症、病気、早死にということになったに違いない。独身男性の老人には案外このような晩年を迎えている人は多いはずだ。幸運にも私は、老人ホームの入居で、悲惨な晩年は回避できたが、ちょっとした行き違いで、私も万年床とゴミの山に埋没した人生を歩んでいたかもしれない。そう思うと、老人の自爆死は身につまされる話である。

今は老人ホームの食事を昼と夜の二食を摂っている。ホームに入った当時は朝昼夕三食を老人ホームの食堂で摂っていた。

三食、食堂の食事なら理想的な食事である。今は、朝の連続テレビ小説を観る関係で、朝食だけは自室で、パンやレトルト食品、納豆に焼き海苔、ふりかけなどの朝食を食べている。おそらく、薬の飲み合わせの関係で食べられない人がいるためだと思うが、食堂の献立に納豆はない。特別に納豆は大好物というわけではないが、ときどき食べたくなる。住人の中にも納豆を持参で食堂に現れる人が何人かいる。

老人ホームにいるおかげで、食事を抜くということがなくなった。老人ホームに入居していなければ、間食の食べすぎで一食抜いたり、漬け物とお茶漬ですませたりすることはしばしばあったに違いない。ホームに入居する前は、酒と肴で夕食を食べないことがほとんどであった。

ホームに入る前、家庭での食事では嫌いな総菜にはほとんど手をつけなかった。老人ホームではとにかく、献立にあるものは無理しても食べるようにしている。我ながら健康的な食生活に変わったものだと感心している。

食事の時間も一定している。雑事に振り回されたり、仕事の締切りに追われて、食事時間がずれたりすることもない。決まった時間に、栄養的に計算されたバランスのよい食事をするわけだから理想的な食生活ということになる。

私の場合は風呂上がりに酒を呑むので、カロリー計算に狂いが生じるが、老人ホームに入居して、メタボの人の体重が矯正されたという話を聞いた。ホームの食事をきちんと三食摂っていれば健康な日々が送れることを裏づける話だ。

私の入っている老人ホームには就寝、起床の規則はないが、どんなに遅くても十二時までには床に入るので、六時前後には目が覚める。朝食を食堂で摂っている人は七時四十五分から八時半までには朝食をすまさなければならない。食事タイムは三百六十五日一定しているので、それに従って午前午後の行動が影響を受ける。

外出していて急にラーメンを食べて昼酒を呑んでその日の食事を終わりにするというわけにはいかない。突然の食事のキャンセルは料金を支払わなければならない。キャンセルは経費の無駄遣いになるから日常的にはあまりくり返して行われることはない。事情があっての食事の取り消しは、前日の二時までなら無条件で受け付けてもらえる。

食事をホームの食堂で摂っているかぎり、行動には一定の計画性が求められる。ついつい遊びすぎてホームに帰ることができなかったというわけにはいかない。老人ホームの暮らしは、食堂で食事をしているかぎり、放縦、放埒に流れるということはない。

朝の健康体操、散歩の日課、サークル活動、アスレチックジムなど、老人ホームの規則正しい日課は、老後を健康的に生きるための暮らしを支えているのである。

見守られている安心

老人になると何もかもおぼつかない。歩くのも、記憶力も、判断力もにぶってくる。老人ホームに入るということがなければ、劣化した体力と思考力によって、一般社会を生きていかなければならない。これは大変なことである。一般社会においては老人も現役の人も生きるという行為は平等である。

社会全般、老人などの弱者へのいたわりの配慮が随所に見られるようになった。しかし弱者にとってみると満足のゆく社会とは言い難い。

あちら社会で生きてゆくためには、電車の切符を買うのも、はがきを出しに行くのも自分の手で行わなければならない。炊事も買い物も基本的には自分の責任で行わなければならない。買い物代行や商品配達など以前よりは老人が暮らしやすい社会になってはいるが、老人が安心して暮らせるシステムとまではいかない。

一般社会で暮らすなら、台風の備え、雪かきなど、老人も現役の人と同じように対処しなければならない。近所の人も、年寄り宅というので、雪かきなど、ずいぶんと気を使ってくれると思うが、老人は、それに甘えて生きていくわけにはいかない。

役所に提出する書類なども、劣化した頭脳と見えなくなった目で作らなければならない。納付する金銭がある場合には、銀行や郵便局に出向いての振り込みの作業など、老人にとってわずらわしい仕事は結構ある。耳が遠くなると、窓口に出向くのにも抵抗がある。若いときなど簡単にできたことも、年を取ると面倒臭くなってうんざりである。

老人になるとおっくうになることが多い。若いときは自然にできたことも、年を重ねるにしたがって面倒になったり、うまくできるかどうか不安になったりする。調べものなどもつい後回しになってしまう。

老人ホームに入居することで、暮らしの不安の七割は除去される。自立型老人ホームの場合、個人の自立を助長するという意味で、過保護にしないという鉄則のようなものがあるが、依頼をすれば職員に手を貸してもらえる。

原則として元気な間は食事は食堂で摂ることになっているが、台風の日や、路面の凍りつくような寒い朝は配膳してもらえる。もちろん風邪で寝込んだりすれば当然ながら配膳をしてもらえる。

地元の銀行は老人ホームまで週二日、定期的に出張してきて、預け入れ、引き出し、振込などの業務に当たっている。

売店の窓口にはコンシェルジュの担当者がいて入居者の相談に応じている。私もときどき利用する。来客を接待するためのレストランを探してもらったり、特別なものを売っている近郊の店の所在を訊いたり、上京の時間表なども調べてもらう。自分のパソコンで調べればいいのだが、自分の手間をはぶいてコンシェルジュに甘えるわけである。職員は嫌がらずにこちらの要求に応じてくれる。これも老人ホームという施設に入っているために享受できるメリットである。

老人の身はいつ急変するかわからない。一般社会にいれば、老いの身の急変を案じてくれるのは身内や知人である。ところが老人ホームの職員は常時仕事として入居者を見守っている。緊急コールが各部屋に付いていて、一旦緩急あれば職員が駆けつけてくれる。特別なセンサーも付いていて、在宅しているはずなのに部屋の出入りの痕跡がなければ、自動的にサービス課の電光パネルに異常を知らせるのだ。

つらいこと、困ったこと、手に余ることがあっても代わりに処理してもらえるという心の拠り所があるということは心強い。すなわち、老人ホームの居住者は見守られているという安堵感の中で暮らすことができる。このメリットは大きい。見守られているから、老後の時間を自由自在に過ごすことができるのである。

同じ立場の人たちの集落

老人ホームというのは、年寄りが集まって暮らす集落である。その里の主役は年寄りなのである。

元気なうちに見学などで老人ホームに訪ねて来ると、職員以外はみな年寄りなので、いささかたじろぐ思いがある。「おれもこの人たちの仲間入りをするのか……」という淋しさに似た感情を抱くわけである。考えてみるとずいぶんと思い上がった感情である。私の入居は七十七歳であったから、まさに、老人ホームに入居するのにふさわしい年齢なのに、自分の老齢を棚に上げて、周囲が老人ばかりだということに勝手に淋しさを感じているのである。裏返せば、周囲の老人に己の老いを自覚させられるということなのだろう。しかし実はそのことが老人ホームの気楽さなのである。

一般社会では否応なく七十五歳を過ぎれば老人扱いである。私は自由業で、身なりはどちらかというと若作りであったが、六十五歳くらいで初めて電車の席を譲られたときにはショックだった。席を譲ってくれた中年の女性には感謝はしたものの、「おれも席を譲られる年になったのか」という思いは複雑だった。

七十歳辺りまでは、現役で仕事をしている人もいるが、さすがに七十七歳ともなると、一般社会では完全に年寄り扱いである。政府の見解も七十五歳を後期高齢者の線引きとしている。六十五歳未満は前期高齢者ということなのだろうが、六十五を過ぎればれっきとした年寄りなのである。

確かに六十五歳で席を譲られるのはいささか気恥しい気がしたが、七十五歳では当然の顔をして譲られた席に腰を下ろした。第一、電車で立っていても平気だった体力が、七十歳では衰えたのか、空いている席をきょろきょろと探すようになった。昔、著名な女性評論家が、電車の空席に突進して席を確保したのを目の当りにして、浅ましい姿だとがっかりした。その評論家の歯切れのいい論調の作品も少し色あせて見えたものだった。しかし、私が老齢になってみて、そのときのなりふり構わぬ評論家女史の行動が身につまされるのである。立っているのはつらい。座りたいのである。

一般社会では若い人、年寄りという形で色分けされる。確かに、年寄りだから大事にされることもある。しかし反対に、年寄りゆえに邪魔にされることもある。

第一線で活躍している人からみれば年寄りの行動はリズムも悪いし、タイミングも狂っている。若い人たちは、苦々しいが我慢して黙認しているのだ。私が現役の頃、よろけながら電車に乗り込んでくる老人を目にして、こんな時間に電車に乗らないで空いた時間帯に乗ればいいのにと何度も思ったものだ。老人とて混んだ電車に乗らなければならない事情があったのだろう。そんなことは現役人間はだれも察してはくれない。ただ歯がゆく、哀れに、迷惑に思うだけのことである。

老人ホームは老齢者ばかりが暮らしているのだから、だれに気兼ねも引け目もいらない。みんな同じ立場の人が暮らしているのである。これは実際に当事者にとってみると、気楽なことである。

よろけても転んでも、心身の劣化が原因で何か失敗しても恥じることもない。老いゆえに見せなければならない無様な行為に対して居住者が寛大であるのは当然のことだ。

中には、居住者の中にも、老いの失敗に対して厳しく非難をする人もいないではない。私はそのような心ない人に対して、内心、「あなたも明日はわが身かもしれないのですよ」と思っている。「自分に限ってそんな失敗はしない」と、年寄りは考えている。そうありたいものだが、それこそ、それは神のみぞ知るということである。

振り込み詐欺だってだれもが自分に限って騙されることはないと考えているのである。しかし、騙される人はあとを絶たない。老化はいかんともしがたいのだ。そうは思いつつも、あちら社会に住んでいると老いの失敗は恥ずかしいし、失敗をすることで他人に迷惑をかけることは気が重い。しかし老人ホームでなら老いゆえの失敗や老醜に対して自己嫌悪を抱く必要はない。

老いゆえに劣化していくものを抱えている同じ立場の人たちが、身を寄せあって暮らす気楽さは老人ホーム特有のものである。だれもが避けて通れない老いの道筋を手に手を取り合って歩んで行くのが老人ホームなのである。

長寿者が多い

老人ホームの入居者は総じて長生きの人が多い気がする。私の入っている老人ホームには、月間の行事などを知らせる機関紙がある。この機関紙に「お悔み申し上げます」という欄があり、居住者の死亡通知が掲載される。部屋番号と氏名、年齢、行年、逝去の月日が明記されている。行年を見るとほとんどが九十歳代である。八十歳の例もあるが、七十歳の人は少ない。

昔、若いころ、七十歳の人をみるとずいぶん年寄りだと思ったものだ。私の母方の祖母は七十五歳で亡くなったが、亡くなる一年くらい前から寝たきりで、本当に年寄りだという感じだった。老婆というと祖母の顔が浮かんだ。

昔の童謡に《村の渡しの船頭さんは今年六十のおじいさん》という一行がある。今、六十歳の人はおじいさんではない。六十歳の人をおじいさんなどと呼ぼうものなら、「失礼な奴」と叱られる。

老人ホームには、九十歳で元気な人はたくさんおり、サークル活動の現役という人もいるのだから、長寿者が多いのは確かな実感である。私の入っている老人ホームには、九十三歳でアスレチックジムで体を鍛えている人もいる。年齢による元気の度合いには個人差もあるだろうが、老人ホームのお年寄りには元気の人が多い気がする。

日本全体でも享年が延びているので、老人ホームだけの傾向ではないのかもしれないが、やはり一般社会で暮らしている老人よりも、老人ホームの入居者ほうが長生きのような気がする。これは、私の入居している老人ホームだけに限ったことではないはずである。

自らの意志で終末の身を律しようというような人は心は若いはずだ。

少なくとも私個人の場合は、老人ホームに入居したために若干寿命が延びる気がする。これは心身の若さというより、規則正しい生活とバランスのよい食事が私の早死にブレーキをかけてくれるためである。

老人ホームの住人が、一般社会より長寿者が多いとすれば、これはやはり老人ホームの大きなメリットの一つと言えるだろう。

老人ホームに入ろうという意志を持つということ自体、人間らしい老後を求めてのことであろう。社会参加の季節は終わったにしろ、元気で年を重ねるというのはだれもが願うべき終末のあり方なのだ。

老人の最期にはさまざまな形がある。体調を崩したときを契機にそのまま床に入って亡くなる人、骨折がきっかけで寝込んだのが終末につながる人などさまざまである。どんな形で終末を迎えるにしろ、介護のプロによってサポートしてもらうことで、理想的な終末の時期を過ごすことができる。

規則正しい日常生活とバランスのよい食生活によって、介護を受けるようになるまでの年の取り方として、一般社会の高齢者よりも元気な老後を送っている人が断然多いような気がする。そして、いよいよ介護を受けるようになってからでも、その後の介護はプロの手によって整然と行われることで、通常の例よりも老人ホームの居住者のほうが長く生存する可能性が高いのではないかと思う。

私の入居している老人ホームの場合、日本人の平均寿命よりははるかに長生きしている人が多い。寝込んでから長く生きているということではない。介護を受けるようになっても、人間としての尊厳を失わずに、終末に向かって歩み続けている。これも貴重な老人ホームのメリットというべきである。

毎日の温泉入浴

全ての老人ホームに温泉があるわけではないので、老人ホームのメリットとしての温泉の有無は普遍的ではない。はなはだ個人的な感想である。読者にはお許しを乞う。

私の老人ホームの大浴場が温泉なので、メリットとして取り上げたのである。老人ホームのメリットというより、伊豆高原の老人ホーム「ゆうゆうの里」のメリットということになる。ちなみに「ゆうゆうの里」は全国に七施設あるが、温泉のあるのは伊豆高原の他には、湯河原施設である。

温泉にはいろいろと効能が表示されているが、正直なところ、私自身、温泉の効能を重視したことはない。しかし日本には大昔から湯治の風習があり、温泉を養生や治療に用いてきたのは周知のことだ。温泉が体にいいのは事実であろう。

すでに述べたが、私が老人ホームをどこにするかを決めるに際して選択の理由の一つとなったのは温泉の有無であった。毎日入る風呂が温泉というのは健康に効果がありそうだと思ったのである。

伊豆高原の老人ホーム「ゆうゆうの里」に温泉を提供している業者の分析表によれば、泉質は硫酸塩・塩化物温泉で、低張性・弱アルカリ性・高温泉となっている。

一般的に、温泉療法と呼ばれる適応症は、神経痛、筋肉痛、関節痛、五十肩、運動麻痺、うちみ、くじき、慢性の消化器病、痔疾、冷え症、病後養生、疲労回復などである。脳卒中等の半身不随のリハビリにも温泉療法は有効とされている。戦国時代に武将などが戦で受けた傷の療養に温泉を用いたことは知られている。

このホームの温泉も、傷や火傷、皮膚炎の治療に有効である。温泉の一般的効能である疲労や冷え症の改善にも有効であることは私の体験からも言えそうだ。この二、三年風邪を引かなくなったのはそのためだと自己満足をしている。実感していることでは、温泉は湯冷めがしにくいということだ。これが風邪の予防につながっているのではないかと思う。

温泉の効能ゆえかどうかはわからないが、前述の老人ホームに長生きの人が多いのは、あるいは温泉ではないかと私は考えている。もちろん統計を取ったわけでも医学的に追跡調査したわけでもない。私の勝手な希望的感想である。

単なる沸かし湯と違って天然の成分が溶け込んでいる温泉は体に格別にいい気がするのである。まあ、第三者から見ればいい気なもんだと笑われるかもしれない。

第七章

老人ホームの経済学

高額な一時金の考え方

確かに有料老人ホームの一時金は高額である。何年か前までは自立型有料老人ホームには裕福な人しか入れないという考えがあった。その感覚は今では少し変化していると思うが、一時金が高額なので、高い買い物という思いは拭えない。私の入居している伊豆高原の例だが、居室の大小や二人入居か一人入居でも金額は違ってくるが、およそ、二千五百万円から四千五百万円の一時金が必要である。

老人ホームの入居費用は、端的に言って、家一軒の建築資金に相当する。よほどの蓄えでもないかぎりちょっと手が出ない感じもする。

三文文士の私は、最初、提示された金額に少なからずたじろぐ思いがした。それに加え入居時にはまだ売文の仕事を続けていた関係で、部屋はホームの中で一番大きなスペースが希望だった。資料を保管したり、ワープロ、パソコンを使う関係で、部屋の中に、ある程度のゆとりが必要だったのである。私の入居した平成二十四年は、まだ、今より消費税や入居価格の低い時期だったが、それでも一番大きなDタイプ（2DK）は四千万円近い入居金が必要だった。

以前の拙著でも述べているが、五千万円前後の蓄えがあれば、年を取って動けなくなっても、その金額を支出すれば、他人に介護してもらったり、後始末をしてもらえるのではないかと私は考えていた。老人ホームに入るのは、いよいよ完全に動けなくなってから、特別養護の施設に入ればいいではないかと考えていた。

私はその考えを家内に伝えたが、家内はそのためには家屋の完全リフォーム（リホーム）が必要だと言った。壁の塗り替えや各部の手直しだけでは不十分だというのである。

私は万年床にコンビニ弁当で老後を乗り切ろうと安易に考えていたが、家内としてはそうもいかないのである。二階建の家を平屋にしたり、屋内に手すりを張り巡らしたり、完全なバリアフリーに改良しなければ安心して暮らせないというのである。

内心「ぜいたくなやつだ」と私は思っていたが、家内にしてみると、それなりの言い分があるのだ。

もし急に倒れて、娘や他人に、終末の始末をすべておまかせになったら、どのように扱われるかわからないというのである。自分の意にそわなくても全ておまかせなのだからなすがままに身をゆだねるしかない。それは耐えられないと家内は言う。

私はそうなったらなったで、どう扱われようと仕方がないと考えているが、家内はそのことが我慢できないのだ。

そんなおりにたまたま、仕事で付き合いのあった人から電話があった。この人は元検事で、国から叙勲を受けたような名士だった。私は昔、この人の書籍の刊行に関わったいきさつで長年にわたって交誼をいただいていた。

電話は私に相談したいことがあるというのである。この人は都心から二時間ほど隔たった老人ホームに入っていた。

奥様は以前から認知症の傾向があり別な施設に入っており、彼は、長い間一人暮らしをしていた。ある程度元気に暮らしていたが、あるとき庭の花壇を手入れしていて怪我をし、自力の歩行ができなくなった。そのために、娘夫婦に強引に老人ホームに押し込まれたと言うのである。

彼の私への相談は、娘夫婦の選んだ老人ホームは不満だから、他のホームに移りたいので娘夫婦を説得してくれというのである。

他人の私が口をはさむようなことではないが彼の意向だけは娘さんに伝えた。しかし娘さんにも言い分がある。娘さんには家庭があり、父親との同居は家族に反対されたという。老人ホームの選別も、ときどき通うためには交通の便利のいいところにしたい。娘さんはやはり、父親の意向より自分の便利さを優先した。結果的に父親は娘さんの選んだ老人ホームが気に入らないということになった。気に入らないと本人がだだをこねても、世話をする娘さんにとってみれば、簡単に父の希望を受け入れるわけにはいかない。父親は無念の思いを抱いて唇を噛むしかなかった。

この話を家内にしたら、「それご覧なさい。他人にまかせっきりにすると、こちらの思うようにはならないものよ」と言った。この話を聞いてからというもの、家内は自分の元気な間に自分の納得する終末の形を決めておきたいという決心がますます強くなった。

正直なところ、私の気持ちとしたら、自分で自分の始末をつけられなくなったら、どんな処遇でもあきらめてそれに従うしかないのではと考えたいところだが、家内にしてみるとそれが我慢できないというのだ。

私はある程度年をとったら、家政婦さんにきてもらって家事の世話をしてもらい、いよいよ家庭での暮らしがおぼつかなくなったら、その時は特別養護老人ホームに入って最期を迎えるというふうに考えていた。

ところが家内は、家政婦さんが家庭の中に入り込むことに抵抗があるという。さらに、他人に自分の終末を仕切られるのも承服しかねるのだという。妻の言う他人というカテゴリーの中に私も娘も含まれているのである。家内は、私や娘の采配もまったく信用していないのである。こうなれば結局自分の元気なうちに自分の終末を決めるしかないのだ。かくして私たち夫婦は自立型老人ホームへの入居に至ったのである。

三流の無名作家には高い買い物だが、老人ホームへの入居は、すなわち、自分の死に場所と死に方を手に入れることである。ホームに入居が確定したことで、終末に際して娘や親しい人の手を煩わすことがない。心残りを持たずに晩年を生きることができる。この気持ちの安らぎの代価として高額の入居金を支払うのだと私は考えたのである。

死に場所、死に方の中に、前項で述べたように、二十四時間、途切れることなく、入居者の動向を見守っている職員や介護のプロが常駐していることも含まれている。このことも老人ホームの代価の価値を高めている。

現在、自立型老人ホームもさまざまなタイプが出てきている。高齢化社会の趨勢として、老人ビジネス花盛りである。入居の一時金もピンからキリまである。高額なところでは億を超える入居金のところもある。ところが中には、入居金ゼロをうたい文句にして募集しているところもある。

老婆心ながら、終末の安心は安売りに心引かれて買い物をしてはいけない。老人ホームの入居金は、スーパーの安売りとは根本的に質が違う。安かろう悪かろうではみじめな晩年になってしまう。安くてサービスのよいところは私の常識では思い浮かばない。終末の安心には一定のコストがかかる。

しかし、それなら億ション並みの高額ホームは満足が大きいかというと、これまたそうとも限らない。これでもかこれでもかと、格式を強調するあまり、息がつまりそうだと一年足らずで他のホームに住み替えた知人もいる。安かろう悪かろうも困るが、高すぎての過剰サービスも考えものだ。

だが、本書では、あまり細かいことを具体的に指摘はしない。私としては読者諸兄姉に、老人ホームを選別するに当たって、先入観を持ってもらいたくないからである。確かな終末は自分の眼でしっかりと見つめて手に入れていただきたい。

微に入り細をうがつ質問にしつこいと思われても気にすることはない。売る側に何度も問いただし、嘘や誇張がないか冷静に判断し、何度か体験入居をしてみて、納得してから契約をしていただきたい。老人ホームの入居は人生最後の出費である。悔いをあの世に持っていきたくはない。

生活費は年金でほぼ賄える

老人ホームに入居するに際して、だれでもが持つ気がかりは、生活費にどのくらいかかるだろうかということと、一時金を支払った後、手元に残った資金で果たしてやり繰りできるかということである。かすかな不安とでも言うべき心情である。

日常生活に必ず必要な金額は、管理費、食費、居室で使う水道料、光熱費、薬価を含む医療費、新聞の購読料や、NHKへのテレビ視聴費などで、その他には、小遣い、趣味の料金、おやつ代、晩酌代（煙草代）、交通費等である。

私の入居している伊豆高原の老人ホームの場合、管理費は平成二十七年五月現在、月額、一人入居で、五万一千四百八十円、二人入居で八万二千三百六十円である。

食費は前述したように、朝食、四百二十一円、昼食、六百八十九円、夕食、九百五円となっている。三食全てホームの提供する食事を食べたとして、一日、二千十五円である。

必ずしも入居者は食堂の提供する食事を食べなければならないということはない。私の見聞するかぎり、ホームの入居者の約半数が自炊をしている。

すでに述べたようにわが家の場合、朝食は自宅で、レトルト食品やパン食にしている。理由は朝のテレビの関係である。

自炊の人たちは、経済的に節約という理由もあるかもしれないが、調理はボケ防止になることも大きな目的となっているようだ。また、自分で好きな料理を作って食べたいという理由の人もいる。

ホーム側が入居希望者に生活費の目安として提示している数字は、一人入居で十一万四千百三十円、二人入居で二十万六千六十円である。

この数字は目安であるが、ほぼ正確な数字と言えるだろう。この数字は、三食すべて食堂で食べた場合のものである。水道料、電気代などは使い方で数字が違ってくるし、電話料は千円で計算されているが、携帯の電話料だと一万円前後はかかるはずだ。

目安はあくまでも目安であり、実際の生活ではもっと多くなっり、場合によっては少なくなる場合もあるかもしれない。

もちろん、ホーム側が提示している目安には、小遣い、酒代（煙草代）、などは入っていない。実際の費用については、次の項目でわが家の家計簿を公開することで自分なりにシミュレーションしてもらいたい。

経済問題は、プライベートな性質があり、他人様の数字を公開するわけにはいかない。本書ではごく親しい人から取材させてもらった結果、日常の必要経費は年金でほぼ賄えるというのが私の感触である。

年金で賄える日常生活の経費の他に、小遣い、晩酌、煙草、交際費、衣服、旅行、教養、孫のお年玉や冠婚葬祭など、生活費の他にかかる特別支出をどう考えるかということである。小遣いをたくさん使ったり、酒場に日参したり、一年の間に何度も旅行に出かけたりすれば出費がかさむのは当然だ。このように出費には個人差がある。

お金の使い方は人さまざまだが、私がそれとなく集めた情報によれば、老人ホームのすべての支出を年金で済ませて、なおその上に年金の残りを貯金している人もいる。年金の余りを貯金するというようなことは珍しいケースかもしれないができない話ではない。現にそういう人もいるのである。

年金である程度の支出を賄えるという場合は、約十年間で一千万円程度の蓄えがあれば老人ホームの生活は楽々可能というのが私の得た感触である。

年金を生活資金の中心に据えて、他に、自分の金の使い道をいろいろとシミュレーションをしてみて老人ホームの暮らしの必要資金をはじき出すことはできるだろう。

お金というのは使い方で状況が変わる。病気をした場合の治療の種類、通院、入院、保険のきかない最新治療法、入院の場合の個室か相部屋かなどによっても支出の大小が左右される。一人一人の事情や心構えで出費に差ができる。諸々の個別の事情があり、一括《ひとくく》りにして支出を論ずるわけにはいかない。

必要経費だけで生活した場合と、遊びにお金を投下する場合では大きな違いができる。外国旅行をくりかえしたりすればあっという間に支出が大きくなる。個人のふところ具合を一般論として論じても、これから入居しようという人にとってあまり参考にはならないだろう。

わが家の老人ホームの家計簿

他人さまのふところ事情を詮索してみても確かなことはわからない。いっそのことわが家の支出を公開することで参考にしていただくことにする。請求書などもありのまま公開することで、より正確な判断材料になると思う。

家内はわが家の事情をあからさまにすることを嫌がるが、この点については、物書きの妻となったことを不運と思って許してもらうしかない。

ただわが家の家計簿と言ったところで、他の家庭と比して若干事情が違っているのではないかと思う。私は入居するまで仕事を続けていた。七十五歳辺りから仕事の量は減らしてはいるものの、ある程度の仕事を受けていた。

しかし私の収入は、老人ホームへ入居して以後は、生活費として家庭に入金していない。老人ホームに入居したのをきっかけに、私は仕事で得る収入を自分だけで使っている。老人ホームの必要経費はすべて私と家内の年金がベースとなっている。もちろん年金だけでは費用が不足する。不足した分は、当然ながら蓄えのなかから補填《ほてん》している。

私は今でも、幾ばくかの原稿料収入があるが、その収入は生活費として使っていない。その代わり、小遣い、遊興費、酒代、家族旅行などの費用は一切私の負担となっている。もちろん取材にかかる交通費やホテル代などの仕事の必要経費は私は自分の収入の中から支出しており生活費には手をつけていない。

本書に公開するわが家の家計簿だが、私の小遣いや酒代は、実際は私のへそくりの中から出費されているのだが、老人ホームの必要経費として計上することにする。もし、私が仕事をしていなければ、当然のことながら、小遣い、酒代、交際費は生活費の中から支出することになる。

ただ、問題は実際に生活資金の中から小遣いや酒代を支出するとなると、現在のように後先の考えなしに使うわけにはいかないと思う。多少ながら節約しようという気持ちになると思う。

たとえば、小遣いは平均すれば月に七、八万円になっているが、実際に生活資金の中から支出するとなるとそんなに使わないと思う。また使う必要もない。その辺のところは読者は勘案しつつ参考にしてもらうしかない。仕事で出かける旅費、ホテル代など仕事に関わる出費は、老人ホームの経費とは関係ないので本書では省略する。

話が横道にそれるが、老人ホームに入居してから、正直な実感なのだが、まるでお金の使い道がないのである。

あちら社会で暮らしているときは、財布にいつもある程度の金額が入っていないと不安だった。酒を呑んでいて話が盛り上がり、二次会だ三次会だと酒場に繰り出せばすぐに二万円、三万円の出費が加算された。呑んでいるときはどこに行くにもタクシーで、もちろん深夜の帰宅もタクシーということになる。当時、京王線の橋本駅を最寄り駅とする相模原に住んでおり、新宿、銀座から高速を使って、わが家の玄関口まで乗りつけると約二万円かかった。月間十回くらいはタクシーを使っての帰宅だった。

ビジネスホテルならタクシー代より安くあがるだろうという単純計算で、呑んだ後はホテル泊りをしたこともあったが、夜食を食べたり、翌日うな重を食べたりして結局出費はタクシー代とあまり変わらないことに気がついた。何より困ったのは、外泊すると翌日仕事ができなくなることだった。ホテル泊りは結局計算に合わないということで三度ほどでやめてしまった。

酒場通いに明け暮れていたころと、今のホーム暮らしの金銭の使い方を比較するのは如何《いかが》なものかとは思うが、ホームに入居して、まるでお金の使い道がないことに戸惑ったのは事実である。

交際費にしても減る一方である。年を重ねていくにしたがって、冠婚葬祭もごく身近な近親者に限られてくるし、出費も年々少なくなる。仕事の関係者や娘が訪ねてきたときに地元のレストランに案内するのが唯一のまとまった金銭の出費である。奮発して、豪華なものを食べても、五万円とはかからない。それに来客も年に五、六回である。

ホームに入る前は仕事は現役で、そのための書籍購入費なども多額だったが、それも今ではなくなった。たまに雑誌を買ったり新書判を買う程度である。お金を使うあてがないというのも淋しいものである。

まとまった出費は仕事で上京するときだが、ホテルも上等のところに泊まるわけではないし、酒場も昔と違って、大衆酒場で呑むことが多く、二、三人なら二万円とはかからない。昔のようにキャバレー、クラブということもない。キャバクラという柄でもない。それに、年を取ると二次会に向かう気力も体力も衰えている。まことに淋しい限りである。一泊の出張なら、交通費、ホテル代、呑み代、すべてコミコミで、五万円前後ではないだろうか。いずれにしろ、出張の出費はほとんどが仕事がらみなので老人ホームの出費には関係がない。仕事の経費は、前述したように本書では通常の経費としては計上しないことにする。

別表で掲載したわが家宛の「管理費等請求明細書」は平成二十七年三月のもので、これは老人ホームに支払う金額で、ホーム生活の必要経費の基本となるものである。この請求金額は、翌月にわが家の取引金融機関から引き落される。

管理費はわが家の場合は二人入居なので、八万二千三百六十円。

食費は、通常食七万五千六百七円。特別食、一万一千五百五十一円となっている。この内訳は、昼が四十八食、夕食が四十七食分の食事代である。特別食は夕食八食分となっている。特別食というのは、通常の夕食費用より高いグルメのメニューのことである。通常の夕食費用は九百五円だが、特別食はそれより割高となる。例えば、二十七年五月二十五日（月）の夕食に、特別食として「牛ひれ網焼き一〇〇グラム」千三百三十七円とある。このような特別食の合計が、掲載の請求書では八食食べていることになっており、その金額が請求書に明示されている。特別食は選択食になっており、もちろん通常の夕食もメニューにはあり、私たちはどちらかを選ぶことになっている。このときの請求は、通常食、特別食を合わせて八万六千五十八円である。

電話料の基本料金百八十円。使用料は百十九円である。

水道料使用料は、この請求書では二千三十六円（一七立方m）となっている。水道料は毎月ではない。金額が小さいのは、風呂は大浴場（温泉）を使い飲料水は外から購入しているため、水道の水を使うことが少ないからである。もちろん老人ホームの水道水も飲料に適している。わが家が水を外から購入しているのは、ウイスキーの水割りを少しでも美味しく呑もうという私の贅沢からである。

前述したようにわが家の風呂場はクローゼットとして使っており、風呂場には洋服が所

平成27年3月　　**管理費等請求明細書**　　振替日 平成27年4月22日

[redacted]号室
請求額 ¥182, 304　　菅野　国春様

項目	金額	備考
管理費	82, 360	
食事代	75, 607	昼 48 夕 47
電話料(基本料金)	180	
電話料	119	
水道料	2, 036	使用量 17立方m
未収金立替金等	10, 451	(別紙明細書)
特別食	11, 551	夕 8

領収証は発行いたしませんので御了承下さい。
(財)日本老人福祉財団 伊豆高原〈ゆうゆうの里〉

管理費等請求明細書

【03月分】未収金・立替金等明細

5205 菅野　国春様

月日	氏名	摘要	金額
0309	菅野　国春	外来負担金(診療所)	1, 340
0313	菅野　寿代	外来負担金(診療所)	420
0320	菅野　寿代	外来負担金(診療所)	460
0330	菅野　寿代	ｸﾚｲﾌﾗﾜｰ体験教室代	1, 631
0331	菅野　国春	3/21貸布団1組	540
0331	菅野　寿代	3月分薬代(うさぎ薬局)	2, 590
0331	菅野　国春	3月分薬代(うさぎ薬局)	3, 180
0331	菅野　国春	VDSL回線使用料　3月	290
		合計	¥10, 451

未収金・立替金の明細

狭しとぶら下がっている。

毎日の風呂は大浴場で温泉三昧で、そのために水道料の出費が少ないのである。風呂同様、すべてホームが提供しているもので済まそうとすれば、できないことはない。新聞も食堂の片隅の団欒《だんらん》スペースには一般新聞、ローカル新聞、スポーツ紙まで取り揃えているし、売店には月刊誌、週刊誌が取り揃えてある。

娯楽の読書を楽しみたければ、図書室もあれば、伊東市の巡回図書館も巡ってくる。ホーム提供のもので済まそうとすれば新聞雑誌の購読にはお金はかからない。わが家が新聞をあえて有料で購読しているのは、私が文章の職人をしているためである。いちいち、食堂に出向いて閲覧できないからである。

掲載の請求書の中の「未収金立替え金等」となっているのは、診療所の外来負担金、来客用布団の借り料、薬局の薬価代、パソコンの回線使用料である。

掲載の請求書の総合計は十八万二千三百四円である。これが老人ホームの月額の基本的な出費である。この基本的出費に、朝食代、電気料、携帯電話の使用料、新聞購読代、私と妻の小遣い、おやつ代、酒代、衣服代、若干の交通費がかかるわけである。

朝食代とおやつ代（ジュース、牛乳、お茶）で月額約三万円、電気代は月額二万円、携帯料金は毎月一万円前後、新聞購読代は約四千五百円、私の小遣い（遊興費）は、仕事に関係しない分だと月額約五万円、妻は二万円、酒代は月額一万円、衣服代はほとんどかからない。月にならせば、一万円くらいではないだろうか。

その他に窓ガラスの掃除代やエアコンの掃除代がかかるが、年に一回四万円程度である。月にならせば三千円程度ではないだろうか。

基本の出費にこれらの諸経費を足すと月額三十四万円程度になる。非常に大雑把な数字だが、節約したり無駄遣いしたりすることで数字は大きく変動する。精密にわが家の支出を公開してもあまり意味はないだろう。ひょっとすると、わが家の支出も節約の仕方によっては、五、六万は切り詰められるかもしれない。この記事を参考に、基本料金をベースに独自に計算してみることをすすめたい。

ちなみにホーム側が基本的な生活費の目安として提示しているのは、二人入居で二十万六千円である。ただ、ホーム側の示した目安には、光熱費が含まれていないし、当然ながら小遣いも、酒代も、おやつ代も含まれていない。

二人入居で月額三十万円前後というのは、ほぼ平均的な出費ではないだろうか。ちなみにわが家の年金は、家内と私の二人合わせて月額およそ二十五万円程度である。早い時期にサラリーマン生活をやめてフリーの物書きに転じたために、厚生年金ではなく、国民年金であるが、不足分を一括払いしたり、地方自治体の年金に加入するなどして、前述のような年金の受給になったのである。家内にもサラリーマン時代があり、国民年金と併合して受給している。わが家の場合、二人合わせて一人前の年金にやっとなっている。

三十五万円程度の出費に、二十五万円の年金では約十万円が不足することになり、不足分は、蓄えを取り崩すことになる。一カ月約十万円の不足なら、一年間で取り崩し分が百二十万円ということになる。

取材で何となくつかんだ数字が、年金プラス十年間で約一千万円の余力が必要ということであった。年を取るにしたがって、年々経費も少なくなるだろうから、十年間で、不足の金額が一千万円という線はわが家の経費の使い方から判断しても妥当なのかもしれない。もちろんあくまでも月に二十五万円程度の年金がベースになった上の話である。

気になるのは、病気や不慮の出費という場合だが、その問題にまでふれようとしたら、もっともっとたくさんの材料を集めて論じなければならない。ここでは読者に判断材料の断片を提供することでお許しいただこう。

第八章

老人ホームの介助と介護

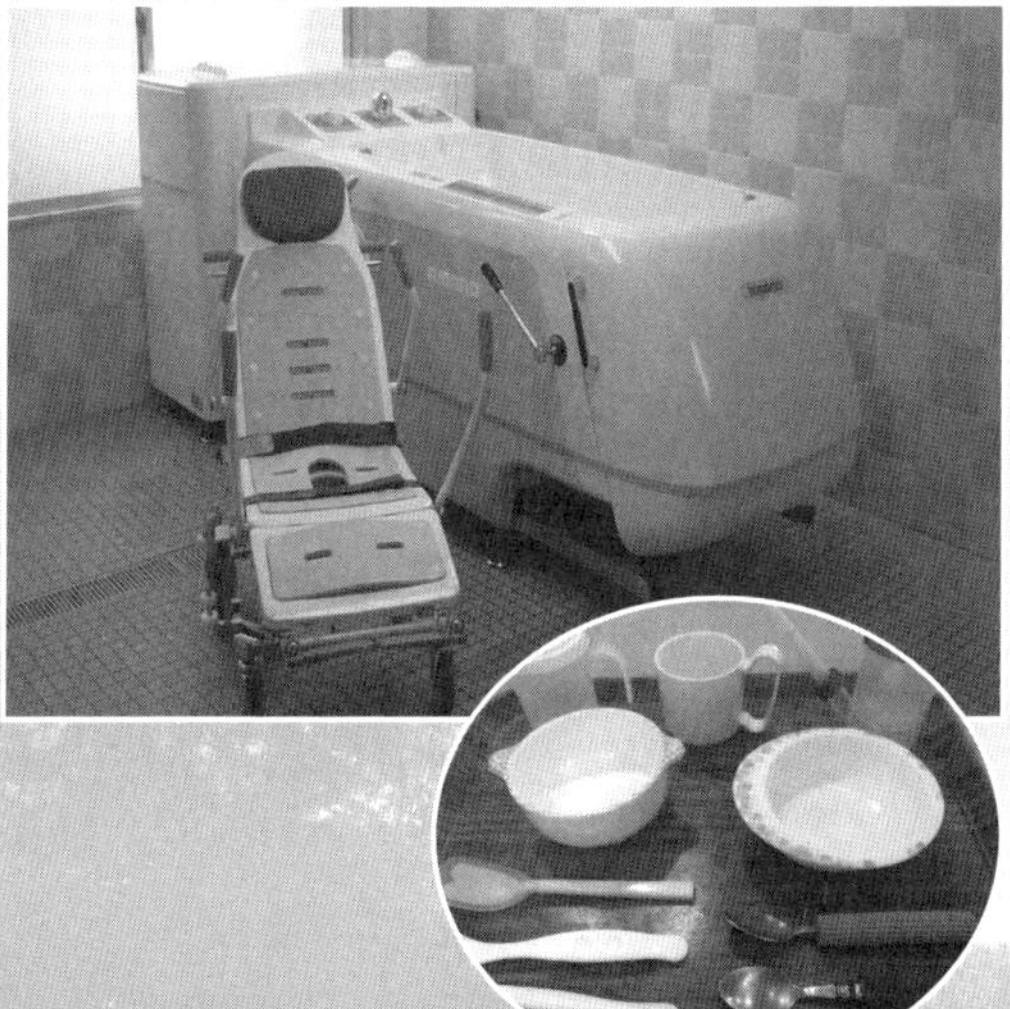

ケアセンターに設置の機械浴システム（上）
ケアセンター入居者の食事を介助する「自助器具」（円内）

安心の終末期を迎えるために

前著「老人ホームの暮らし３６５日」を刊行した後、読者からの問い合わせや質問で多かったのは、入居金や生活費など、お金に関すること、三食の食事のこと、ホームの実施している介護のシステムについてだった。

前著では食事については若干述べているが、お金と介護に関してはふれていなかった。やはり以上の三点は入居を考えている人の大きな関心事なのであろう。

老人ホーム入居の最大の目的は、多くの人にとって、安心してあの世に旅立つことのできる確かな死に場所の確保である。すなわちよりよい死に場所を求めての入居である。それ以外の入居の目的は考えられない。

自立型老人ホームは、元気な間に入居して、老後の一時期を高齢者のコミュニティで充実した毎日を過ごし、体に不自由が出てきたら介助を受け、いよいよ介護が必要になったら介護のプロにわが身をゆだね、やがて安らかな最期を迎えるというのが道筋である。すなわち確かな終末を求めて老人ホームに入るのである。

端的に言えば、元気な間に入居して晩年の一時期を過ごし、老齢が進んだら介護のプロにわが身を預けて死を迎えるということである。

ひとつの考え方としては、元気に暮らせる間は自宅にいて、日常生活に少し不安が出てきてから老人ホームに入るという考え方もある。当初私はそのように考えていた。確かにそれもひとつの考え方であろう。

わが家のように、表面的には元気だが、家内が腰痛で通常の社会で暮らすにはハンディがある場合などにも早期の入居というのも一つの選択肢となる。早期と言ったところで、入居したのは私が七十七歳、家内が七十五歳であった。この年齢の入居は決して早い入居とは言えない。私の入居している伊豆高原の老人ホームは、年々入居者の年齢が若年化の傾向にある。六十代で入居する人がめっきり増えている。早い入居はそれなりの利点はある。若くしての入居のメリットに多くの人が目覚めたということだろう。ちなみに私のホームでは入居資格は六十五歳以上に改められている。

老人ホームの生活は、あらゆる点において健康的であり、長寿の理屈に合致している。

食事、健康体操、アスレチックジム、診療所、各種健康相談など、健康のためのさまざまな情報を提供してくれる。このようなサポートを享受できるのだから、早い時機での入居は、長寿を助長する可能性はある。仮に、あちら社会でなら八十歳辺りの寿命の人も、老人ホームに入居することで、八十五歳、九十歳、九十五歳と、さらに寿命が延びることが考えられる。ちなみに伊豆高原施設のケアセンター（介護棟）には、九十歳以上の人がたくさん暮らしている。平成二十七年六月現在、百歳を超えて元気な人もいる。

老人になると、自分では健康のつもりでも、あらゆることに不安がつきまとうものだ。旅行に行くにしても、旅の途中で歩けなくなったりしないだろうか？　風邪気味だったりすると、風邪が悪化しないだろうか？　ちょっと体調が優れないときなどに、このまま寝込んでしまったりしないだろうか？　取り越し苦労と思えるような不安を感じるものだ。老人ホームに入居することで、そのような不安はある程度は解消できる。いつでも見守ってもらっている気がするし、実際にいざというときには職員に手を貸してもらえる。

現に私が倒れたときも、職員の適切な応対で大事に至らずに済んだということもある。病院の送り迎えも、入院中の職員の病室への訪問も有難かった。私の場合は、家内がいるので、ある程度のことは自分で始末ができたが、配偶者のいない人などは、職員の気配りやサポートは心強いはずである。

あちら社会では、あまり細々《こまごま》とした悩みや不安を隣近所に相談するわけにもいかない。しかし、老人ホームに入居することで、遠慮なしにさまざまなことが相談できるし、当然ながら頼みごともできる。小さなことでは、宅配便、郵便物の受付、保管、取次ぎ、長期不在の場合の部屋の見回りや保守、壁への釘打ち、トイレの水漏れの修理などにも気軽に対応してもらえる。

私は来客の接待の際に、適当な食事どころを調べてもらったり、旅行の際の乗り物の細かい時間表を作ってもらったこともある。自分のパソコンで調べれば他人の手を煩わすこともないのだが、年を取ると些細なことでも面倒になったり、去年、難なくできたことが、今年になったらできなくなっていたりする。淋しい気持ちになるが、これは仕方がないことだ。老齢の道をまぎれもなく歩んでいるのだ。このようなときに、すぐそばに手を貸してくれる人がいるということは心強いのである。

体調の優れないときには食事を部屋まで配膳してもらえるし、食品や日用品の買い物なども代行してくれる。ホームの診療所以外への病院に通うときなど付添いで同行してくれるのも老人ホームなればこそである。前述したように私が入院したときにも、入院、退院、通院に同行してもらったし、入院中も毎週水曜日に職員が顔を出してくれた。洗濯物を持っていったり、家内との伝言の取次ぎもしてくれた。

老人ホームのサポートは日常生活だけではない。税金の問題。相続の問題。遺言の問題。葬儀の相談、墓地の確保……、などの点でもアドバイスや手続きの協力をしてもらえる。このような日常的に起こりうる問題は、入居していなければ、自分の才覚だけで切り抜けなければならない。このように、正式に支援も介護もまだ受ける時期が来ていないときでも、日常生活において側面から応援してもらえる老人ホームの生活は心強いしありがたい。その根底にあるのは見守られている安心感である。

正式には支援や介護がまだ必要はないのだが、日常生活のちょっとした困難も頼めば手助けをしてもらえるというのは年老いた者にとっては有難い話である。元気な間に入居して、小さな不安や困難をサポートしてもらったり、多くの人に生活を見守ってもらいながら、老後の一時期を過ごすというのもひとつの生き方である。

やがて時期が来ると、身の回りの全てが自力だけではできなくなってくる。それでも、できる限り自分の能力を生かしながら、どうしても力の及ばないところは手助けをしてもらうのである。あちら社会では、表面上、元気に暮らしていると、些細な手助けをしてもらうにも気がねがある。老人ホームの職員は、入居者のサポートのために仕事をしている人たちだから、手助けをしてもらうのに気がねも遠慮もいらないのである。

自室からケアセンター（介護棟）へ

いよいよ自室での生活が困難になるとケアセンター（介護棟）に移ることになる。自立型老人ホーム入居者のたどる第一の関門である。ここからが老人ホームの力の見せ所である。多くの入居者が元気なうちに入居を決めるのは、介護が必要になったときスムーズに介護のプロに手を差し伸べてもらいたいためである。

あちら社会にいれば終末は近親者の手をわずらわせることになる。入居の理由の一つには子供に負担をかけたくないという気持ちがある。私の場合も入居の動機になったのは家内の腰痛であったが、もう一つの理由が娘に負担をかけたくないという思いだった。また、子供のいない人たちは、介護が必要になったときに、途方に暮れたりしないように、あらかじめ安心を確保しておこうということである。

私が現在入居している老人ホームでは、ケアセンターに移住してきたそれぞれの人の状況に合わせて適切な介護プランを組み立てている。

だれもが同じ状況でケアセンターに移ってくるわけではない。自室でも辛うじて自立できるかもしれない人もいれば、全て職員の手を借りなければ生活できないという人もいる。それぞれにハンディに違いがあるから、一律に同様の介護というわけにはいかない。

今では介護のプロの常識らしいのだが、本人を寝たきりにしないように配慮していると いう。また、自分でできることはなるべく自力でやれるようにリードしつつ介護の手を差し伸べるのだという。過保護の介護で生きる気力を奪っては本末転倒ということだ。

先般ニュースになったように、ある特別養護老人ホームが、介護保険の関係で入居者を重度の介護必要者に仕立てあげて高額の保険金を詐取したなどという話があったが、これは言語道断である。すべての老人は、いずれは重度への道をたどらなければならないにしろ、できるだけ寝たきりにならないで終末期を迎えたいというのが大方の望みである。すなわち、寝たきりの期間をできるだけ短くしてあの世へ旅立ちたいということだ。そのためには、ケアセンターに移ってからの生活も大切なのである。

ゲームを楽しんだり、思い出にオーバーラップする歌をうたったり、慰問のコーラスグループの歌を聴いたり、ケアセンターを訪問した犬に触れたり、車椅子で散歩に出かけた

ケアセンター（介護棟）外観

り、お花見したり、花火の見物したり……、積極的に活動しようという意欲を持って暮らすように老人ホームでは工夫している。

　寝たきりになると生活しようという意欲が減退する。食事も口まで運んでもらってするのと、ベッドに半身を起こして自分で食事をするのとでは、内に生まれる生への意欲はまるで違ってくる。

　近年、生活不活発病と呼ばれている老人の機能低下の症状について論じられるようになった。積極的な生活の意志が減退して全身の機能が衰えていき、座りきり、寝たきりになってしまい、衰弱を加速させてしまうという現象だ。震災などで仮設住宅への入居で、友人や知人と切り離されて、無為に生きている人に見られる現象だという。

　生きる意志を失わず積極的に活動することで、

生活不活発病から脱出できる。自分で食事を作ろうとか、友人知人を訪問しようという気持ちを持って出かけたり、買い物に出かけたりするという積極的な意志を持って活動しているうちに、機能の衰えが改善されていくということである。

これは、介護の必要な人にも言えることだ。何もかも人任せ、介護士任せで自ら活動する意欲を失ってしまえば身体機能はどんどん衰えてゆく。

先端の介護は寝たきりにならないで最後まで人間としての尊厳を失わずに終末に移行させることだという。

「ぴんぴんころり」というのは晩年の理想的な逝きかたで、「ぴんころ地蔵」なる仏様もあり、信仰の対象になっている。

老人ホームにもこの逝き方に近い形でお亡くなりになった人も結構いるという。筆者の取材した範囲でも、ある日、気分がすぐれないと訴えて診察を受け、部屋に戻って体を横たえ、翌朝亡くなっていたという人もいる。

最後に気分がすぐれないと訴えたのは気の毒だが、死に方としては、ぴんぴんころりの部類に入るだろう。うらやましいかぎりである。私もこのような最期でありたいと念じている。

老人ホームの介護最前線

本書でも折々に述べているが、元気な入居者が突然体調を崩した場合でも老人ホームに入居していることで、いろいろなサポートが受けられる。

例えば一人入居をしてる人が風邪を引いたとしよう。微熱もあるし、体もだるい。何をするにも元気が出ない。寝ていれば自然に治るかもしれないが、年を取ると何となく不安なものだ。

こんなときには、職員に申し出ると、日に何度か職員が様子うかがいに顔を出してくれる。もちろん、食事は配膳してもらえる。自炊している人でも食事を作ってもらえる。頼めば病人食も手配してもらえる。

診療所や病院で診察を受けたいということになれば、もちろん担当の職員が付き添ってくれる。しばらく体調不振が続いて掃除や洗濯物が溜まっているという場合には、家事の援助もしてもらえる。もちろん買い物や郵便物などへの対応も代行してもらえる。

突然入院することになった場合、病院への支払いなど、不時の出費が必要となること

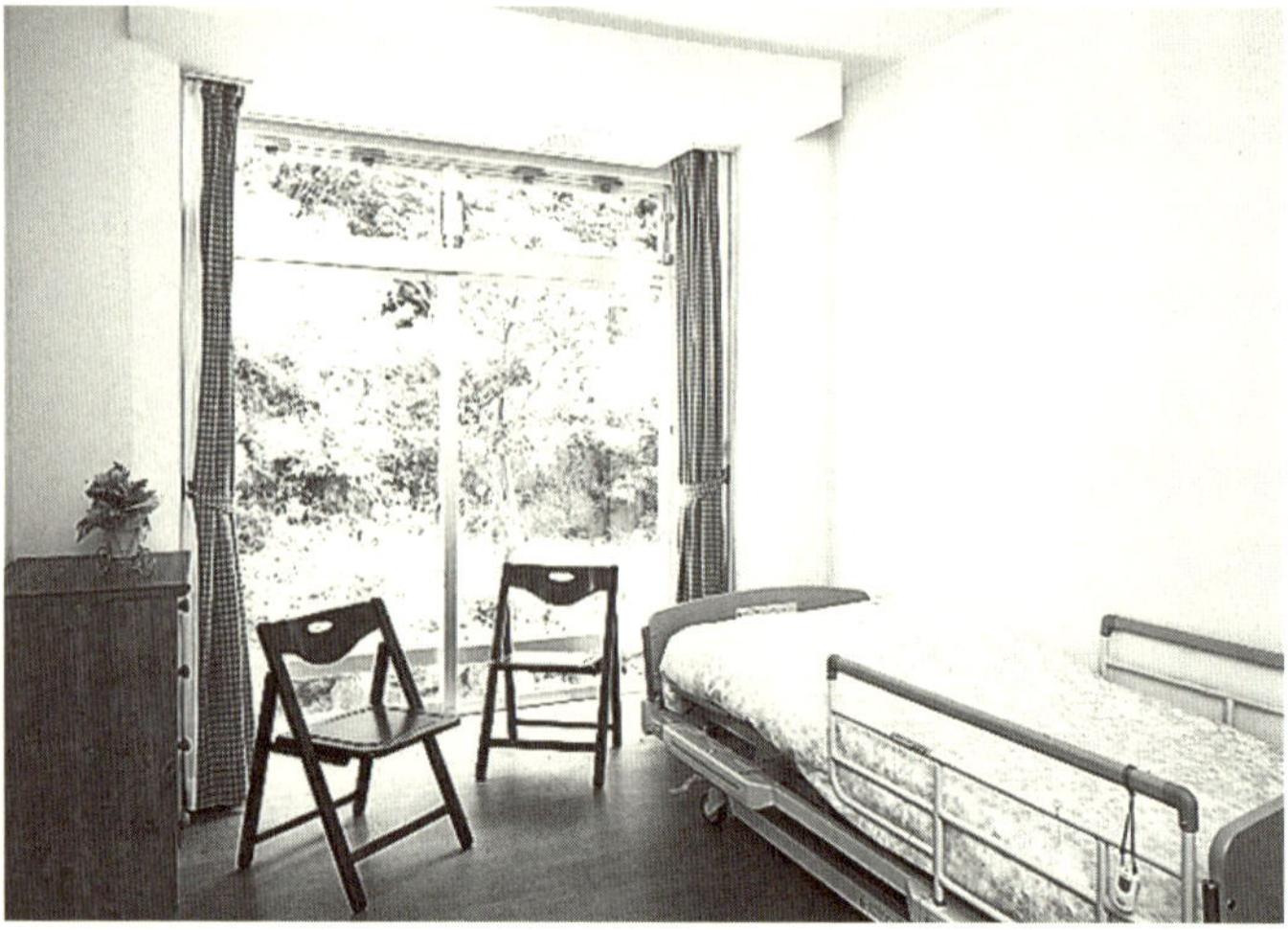

介護居室例：Mタイプ

もある。一人暮らしで銀行に行けないという場合などはホーム側が一時立て替えで支払ってくれる。

私も老人ホームに入ってから入院の経験があるが、私の場合は妻がいるので、入院準備には問題はなかった。しかし、突然の入院だったので右往左往したらしいが、職員のいろいろな助言と手伝いが非常に心強かったと、後日、妻から聞いた。

老人ホームは、一人入居の人が圧倒的に多いが、入院ということになると、一人暮らしでは、いろいろな点で気がかりなことが山積する。例えば、居室やキッチンの清掃、窓を開けての空気の入れ替え、冷蔵庫の中の賞味期限切れの食べ物の始末、室内

ケアセンター（介護棟）の居室

の植物の世話、新聞や牛乳の配達の一時停止、メールボックスの確認など、細々とした気がかりは、職員がサポートしてくれる。
入院中も毎週水曜日に様子伺いや洗濯物の回収で職員が顔を出す。私の場合は、妻が一日置きに病院に顔を出してはいたが、事情で来院に間が空いた場合など、職員の病院訪問はありがたかったし心強かった。入院はもちろん退院の場合も職員が迎えに来てくれた。病院の入退院なども、あちら社会であれば、全て自力で行わなければならない。隣近所に優しい人が住んでいても、単なる隣人というだけで、付き添ってくれと頼むわけにはいかない。私は自分が倒れたとき、入居していてよかったとつくづく思ったものだ。

仮にケアセンターに移る前に転倒で骨折したり、脳卒中で半身麻痺になった場合、利き手が利かなくなって食事をするのに不自由になったり、トイレに不自由を感じたり、着替えが思うようにできない場合なども、職員に介助してもらえる。もちろん入浴の介助も移動の場合の車椅子も職員の手を借りることができる。

単なる介助だけではない。老人ホームには、理学療法士が常駐しており、機能が不全になったりした人に対しリハビリを行い身体機能の回復もサポートする。

突然の身体不調でケアセンターに一時的に移っても、機能が回復した場合には、また自立室に帰ってきて通常の生活に戻ることもできるのである。

通常の生活が無理になって完全にケアセンターに移って介護を受けることになっても、あまり心配の必要はなさそうだ。介護の技術は格段に向上している。安心してわが身の介護をまかせることができる。

現在の介護は寝たきりにさせないというのがコンセプトである。寝たきりにして身体機能を低下させることを避けているわけである。

顔を洗うのも、口腔ケアも極力自力で行うように仕向けている。例え流動食であっても、

自助器具（フォーク、スプーン、流動食用カップ）

自力で口に運べるように訓練している。感心するのはそのための器具が開発され、使用されていることだ。介護現場では、それを「自助器具」と呼んでいる。自力が徐々に低下している人も、器具を使えば何とか自力で行える。持ちやすく使いやすいフォークやスプーン、滑らない皿、吸い口のある流動食用のカップ、それらの器具を使って自分の力で、できる限り生活しようとすることで、老化の速度が遅くなるのである。

食事もディールームと呼ばれる、ケアセンター入居者が一堂に会せる広いスペースのホールで行い、自力で食べられる人も、介助の必要な人も一緒に食事をする。食事のときに皆と顔を合わせることで心に潤いが生まれ、生活の意欲が活性される。慰問のコーラスや催物、あるいはゲームなどもディールームで行う。どんなに老いが進んでも、それなりの楽しみを皆が求めているのである。

　前述のように介護のコンセプトもシステムも驚くほど進化しているのである。例えば入浴は「機械浴」と呼ばれるシステムが取り入れられている。伊豆高原には現在四種類の浴室が取り入れられており、車椅子のまま入れる風呂、寝たままの姿勢で入れる風呂など、さまざまなシステムが導入されている。介助程度のサポートで、自力で入れる風呂には温泉が引かれている。また、入浴も、望めば毎日できるようになっている。

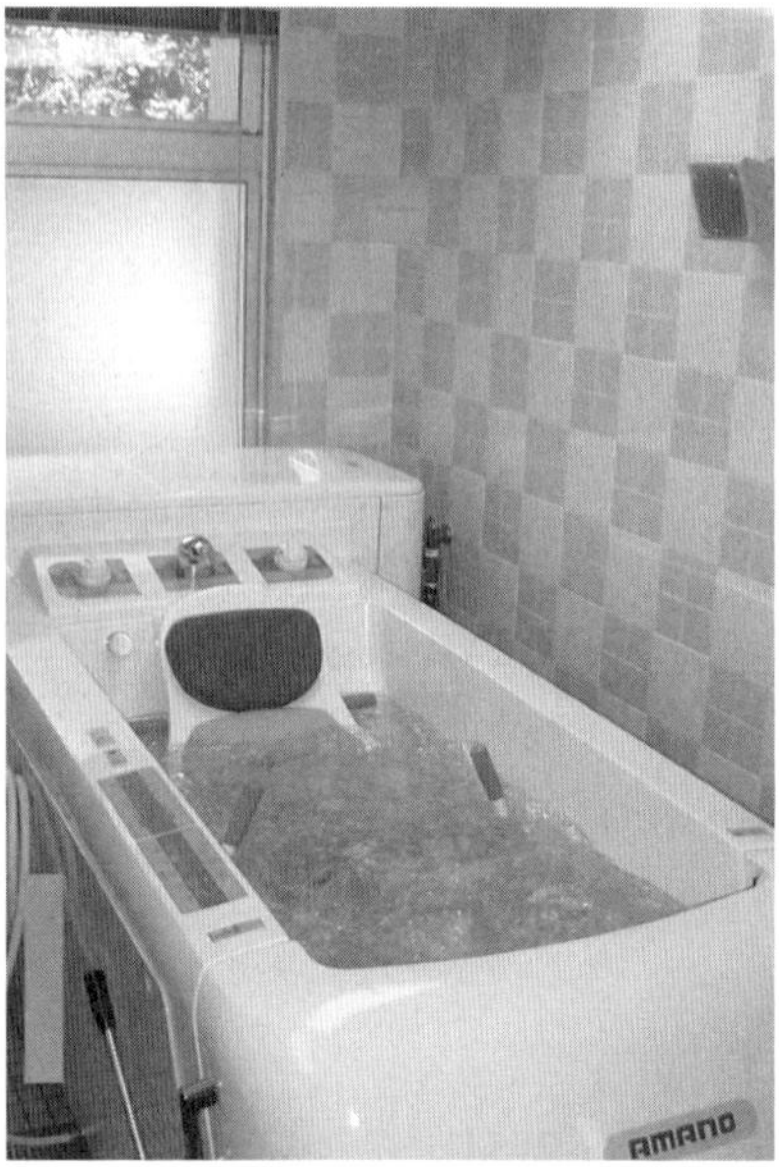

機械浴のシステム（車椅子のまま、寝たままの姿勢で入れる）

　私が感心したのは、食事も一人一人の身体的機能に合わせて、キメ細かく提供されていることだ。ケアセンターに入居していても、通常の食事が取れる人もいれば、刻み食でなければ食べられない人もいる。中には流動食という人もいる。

伊豆高原のケアセンターでは、一人一人の人体機能の状態に合わせて食事を提供している。すくなくとも、ゆうゆうの里の施設は伊豆高原のみならず、共通したマニュアルになっているはずである。

食事について私が感心したのは、食べ物の形を残して提供している例もあることだ。嚥下困難な人の場合は、通常は食べ物の形がわからないように柔らかく調理されている。食べ物自体が魚でも魚の形がない。ところがホームでは、魚の形を残しながら、柔らかく調理してあり、そのまま飲み下せるように配慮されている。

単なる刻み食やペースト状の食事、流動食などではどんな素材で作られているかわからないのが普通だ。食べ物が魚なのか肉なのかわからないように形が溶けている。それを工夫と知恵で食べ物の形を残して、なおかつ柔らかく調理しているのだ。寿司も見た目も寿司でありながら、ご飯も具も細かくしてあり、飲み下せるようになっている。餅も同様である。餅も喉につかえても溶けるように工夫されている。食い意地の張っている私などにはありがたい配慮だ。

老人ホームに入居して以後も、ケアセンターに移ることに一抹の不安を感じていたが、実際に取材してみて、ここまで介護の技術が進んでいるのなら、介護を受けながらみじめな気持ちにはならないだろうと思った。私自身、少なからず胸のつかえが取れた気がした。

目の当りにした感動の介護

だれもが嫌がるのはボケることだ。ボケた本人はそのことを自覚していないから気楽なものだという。作家の有吉佐和子はボケた人を「恍惚の人」と呼んで小説を書いた。本人は恍惚だからといって、それならボケてもいいという人はいないであろう。だれもが自分がボケたときのことを考えると辛い気持ちになる。

筆者は老いて、老醜をさらし、やがて死を迎え、がい骨となるということにはある程度の覚悟を持っているが、老いてボケるということを考えると絶望的な気持ちになる。

老いて死ぬというのは、自然の摂理で、だれもあらがうことはできないが、死の前に人間性を放棄しなければならないというのが絶望なのである。

ボケて徘徊したり、暴力的になったり、色情的になったりするというのは人間性が失われた状態なのだ。この事実は何とも悲しく思えて仕方がない。

昔、雑誌記者時代に老人のボケについて取材したことがある。かつて名刑事と呼ばれた人が老人になってボケたのだ。この人、頭のしっかりした日もあれば急に現実の認識ができなくなる日もあった。ボケている日もあれば正常に近い日もあるというわけだ。

ある日、正常に近い日に息子が見舞いに来た時、小さなテレビが欲しいと息子に頼んだ。息子は苦労してテレビを手に入れて父親のところに持参した。この父親、息子がテレビを持参した日は最悪のボケ状態だった。

それでも、見た目は毅然としていてボケているようには見えない。テレビを抱えてやってきた息子に父は言った。

「どこでテレビを盗んできたのだ。そこに座れ、たとえ息子といえども見逃すことはできない。これからおまえを取り調べる」と言って、はたと睨みつけたのである。ボケた脳裏に刑事時代の自分の雄姿が刻まれていたのだろうが、息子にとっては困惑と悲しみの何物でもない。ボケは人間の正常な心を奪ってしまう。

有吉の恍惚の人にも描かれているが、自らの排泄物を壁にこすりつけたり、中には食べたりする人もいる。正常だった時代は高潔な人で、知の巨人といわれた大学教授が病室の屑籠に排便をするので看護婦さんが困っていたのを知っている。

狂ってしまった脳はなす術もない。このことを考えるとボケについて恐怖さえ覚える。自分の力でどうにもならないのだから悲劇である。

老人ホームも年寄りの集落だから中にはボケる人がいても当然である。ボケた人の介護の真相は本人の名誉もあり、表に出てこないし、本書のような書籍で取り上げても、あまり意味がない。ボケた人の行動の奇妙さを知ったところで気持ちが落ち込むだけだ。それよりも読者が知りたいのは老人ホーム側でどのように対応しているかである。

私の入居している老人ホームでは、少し思考力の衰えた人でも、最低限その人が生活に適応していけるように導くことを目標としているという。また、ボケることで生活に不適応な行動が生まれるが、ボケによって起こりうるリスクから本人を守るように心がけているのだという。

確かに、私が目撃したことで感動的なことがある。

ある夜のことだ。私が大浴場の帰り、一人の入居者と出会った。私の挨拶に対して、ちぐはぐな感じで相手が応えた。挙動に少し不審を抱かせるものがあった。夜の散歩にしてはおかしい？　私には、その人が目的もないのに歩いている感じがした。これは職員に通報したほうがいいのかな？　と、私は一瞬思った。

ところが、よく眼をこらして見ると、女性の職員が離れた場所の植え込みの陰に立ってふらふら歩いている人を見守っているのである。本人の歩きたいという思いを無理に押さえ込まずに自由に行動をさせながら、職員はひっそりと見守っているのである。

相手は尾行されていることに気がついていない。老人ホームの敷地内は広い。危険な場所や敷地の外に出ようとしないかぎり、職員は気取られないように、ただ見守っているのである。そして本人が気が変わったり、疲れたりしたときに声をかけて、相手が納得して部屋に戻るように仕向けるのである。

私が職員にねぎらいの声をかけると、徘徊者から眼をそらさずに静かに私にうなずき返した。私はこの現場を見て感動した。

ボケた人を虐待する施設などのニュースに接するにつけ、わが老人ホームの介護の仕方に感心し、大いに賛同した。

ボケ介護だけの問題ではない。介護する人に対しての限り無いやさしさを持って接する。これがプロの心だと私は思う。単にマニュアルどおりに実行するだけでは、愛ある介護とは言えないであろう。介護の技術はやさしい心に裏打ちされてこそ光を放つのである。

第九章

老人ホームの死

来る人去る人

人間社会は誕生と死がくり返されている。どこかでうぶ声をあげる赤ん坊がいる。同時に、人生に終止符を打ってあの世に旅立つ人もいる。生と死は表裏をなしているのが人間社会である。神の意志は冷徹である。誕生があり、死があるという神の法則を何人《なんぴと》も破ることはできない。自分だけ法則の外に居たいと願ってもそれはできない。法則は真理であり、人間の勝手な意志で変えることはできない。人生は、生と死の狭間で演じられるひたむきなドラマということかもしれない。

老人の集落もその法則にからはずれるものではない。人生をドラマに例えるなら、老人の里は人生のラストシーンの舞台である。ラストシーンは感動的でなければならない。

老人の里には誕生はないが絶えず訪れる人はいる。訪れる人とは新たな里の住人である。そして老人ホームに住む人たちは、人生劇場の最終場面の登場人物である。

舞台には老人の里を旅立つ人もいる。昨日まで里の住人だった人がある日ドラマの舞台から姿を消して行く。去る人があり、来る人がいるということは、ある意味では人間社会と同じである。来る人は誕生ではないが、終末の舞台の登場人物である。そして去る人は人生劇場の花道から消え去る人たちである。

前述したように、老人ホームに入居するというのは、よりよい終末を願ってのことである。いかに感動的に人生劇場の最後の幕をおろすかということで、その舞台に老人ホームを選んだのである。

私たちが心したいのは、流れにまかせてアドリブのように演じてはならないということだ。ある程度までドラマのシナリオを自分で書いておくべきだ。私のこの忠告も、老人ホームに入居しようとしている人には釈迦に説法のようなものだろう。終末の選択肢として、老人ホームを選んだということは、意志的にラストシーンのシナリオを書き出したということでもある。

若いときは死は観念でしかない。未来はいつも輝いていた。若者は革命も恋も出世も、思いのままに夢見ることができた。未来に夢を描くのは若者の特権である。未来に続く道はいつも薔薇色だった。死は薔薇色のベールに隠されて霞んでいた。

死と背中合わせの大病を患った人などは若くして死と向き合うことになるが、そういう人は割合からいったら少ないだろう。戦時中、死ぬために飛んだ特攻の航空兵たちは目前にいつも死を見つめていた。そういう現実も、確かに存在したが、それははるか昔になってしまった。

そのような特別の事情に関わりなく、人間は死に向かって絶え間なく歩み続けているのである。嫌でも死という現実に向かい合わなければならない。年を取るにつれて死の影が見えるようになる。老人になると、死は観念ではなく、実感として迫ってくる。

私は自分の墓碑名と、妻と娘に遺《のこ》しておくべき言葉、友人、知人に発送する死後の挨拶文を書き残しておこうと思っている。つい、仕事や遊びにかまけて延び延びになっているが、死神はいつやって来るかわからない。準備しておけば安心である。

若くして入居しても、七十歳を過ぎたら、終末の準備に取りかかっておくべきだと思う。あくまでも老人ホームに入るということは、よりよい終末を迎えるためである。ぴんぴんころりの願望から言えば、突然の死神の来訪は歓迎すべきことだが、心残りをたくさん置き去りにしたまま、突然の旅立ちは本望ではない。

入居者のほとんどの人が、入居当時は「後、十年生きられればいい」「後、五年生きたいものだ……」と語っているという。そう言いながら、十年も二十年も生き延びているのだという。それはそれで結構なことである。五年刻みに死の準備をくり返せばいいのである。あの世へのパスポートは何度でも更新できる。元気なら長生きにしたことはない。

老人ホームでのお別れ

私は平成二十七年七月現在で、老人ホームへ入居して丸三年になる。三年の間に何人もの人とお別れをした。お別れをした人の中には親しくさせていただいた人もいる。

訃報の知らせは掲示板で知らされることもある。訃報が老人ホームの情報紙に掲載されることもある。情報紙には《お悔み申し上げます》という欄があり、部屋の番号と名前と逝去の月日と行年が掲載される。

コミュニティホールの掲示板に告別式の日取りが貼り出される場合もある。老人ホームの裏手には霊安室があり、そこで葬儀ができるようになっている。霊安室の前の広場にテントが張られ、老人ホームの仲間たちは出棺を見送る。私も三年の間に、何回か出向いてお見送りした。

また、遺族がご遺体を引き取って別な場所で葬儀を行う場合もある。親類縁者が老人ホームまで足を運ぶのが大変だという理由や、かつて生活していた自分の家で葬儀をしたいという人もいるのだ。

その例とは逆に、病院に入院していて、死期が近づくと老人ホームの自室で死にたいという人もいて、退院して部屋に戻って来る例もある。ホームの中にも診療所があり、ホームの医師が立ち合って最期を見取ることができる。

中には生前、献体の意志を表明している人もいて、医療機関がご遺体を引き取りに来る場合もある。

亡くなられて後の対処の仕方はそれぞれの事情によって異なる。どのような終末が自分にふさわしいのか、元気な間に旅立ちのシナリオを書いておくというのも老人としての決意というものであろう。

特殊な例だが、自分の死を公表せずにひっそりと亡くなられる人もいる。ことさら死というものを大げさに考えずにあの世へ行こうという慎ましい考え方なのだろうが、私はあまり意味がないような気がする。葬儀を行わないということなら理解できるが、だれにも知らせずに旅立つというのはある意味で礼を失していると思う。生前、いろいろな人にお世話になったのだから、ちゃんと挨拶してあの世に行くべきだと思う。

私も葬儀は行わないと考えており、遺族には私の意志を伝えてある。しかし、きちんと死の知らせは行って生前の厚誼にお礼を述べたいと考えている。

老人ホームで、亡くなられた後、死の知らせを行わないと、残された住民は「あの人はどうしたのだろうか？　やはり亡くなられたのだろうか」などと、お互いにひそひそと噂をすることになる。みんなの心に一抹の淋しさを残す。

墓地のない人には老人ホームでは老人ホーム専用の共同墓地も用意している。その墓地に入れば、少なくとも何十年間はお参りしてもらえる。

理想的な終末とは

理想的な終末とは、寝たきりの時間をできるだけ少なく、苦しまずに息を引き取ることだと思う。いくら住み心地のいいケアセンターがあるからといって、何年も不自由な生活をくり返した後に死を迎えるのはやはり不本意である。

しかし、これだけは本人の意志で寿命をコントロールするわけにはいかない。安楽死を選択するにしても、法律的、道徳的、宗教的にまだいろいろな問題が残されており、安楽死を簡単に実行するわけにはいかない。

ケアセンターに入っても、自分の身体能力に合わせて楽しい日々を送ることはできる。枯れていく自分の日々を達観して受け止め、その時々に可能な限りの楽しみを見つけ出すことだ。

老人ホームの住民には、本音かどうかわからないが、「早く死にたい」と語る人が案外多いのである。半ば冗談のような気もするが、心のどこかにそのような思いを秘めているのは事実であろう。

早く死にたいと言いながら、健康情報を集めたり、健康維持の実践に熱中したり、アスレチックジムの忠実な実行者だったりする。その行為は間違っていない。おおいに称賛できる心がけである。何しろ、「ぴんぴんころり」を実現するためには健康な老体であることが第一の資格である。老人ホームに温泉があったり、プールがあったり、食事管理が行き届いているのは、健康な老人生活を送らせるためである。健康な老体であればあるほど、介護を受ける期間が短くなるのである。

私自身は、昔の人たちと比べれば十分に長生きをしたと思う。この原稿を執筆している現在、満八十歳である。いつの間にか八十歳になっていたというのが正直な感慨である。今のところは健康であり、正直なところ、後、五年は生きられるかもしれないと考えている。この調子なら残り十年と考えないではないが、それほど欲張りではない。

七十歳半ばで入居する人は、たいていの人が「後、五年生きられれば」と語るという。そう語った人が、気がついてみると、九十歳以上も生きているのだという。私もその話を聞いたとき、そうありたいものだと考えた。五年くらいであの世に行こうと心づもりにしていたのに、気がついてみたら九十歳になっていたというなら、これは大歓迎である。

私の考え方は物書きのくせに考え方が片寄っている。物書きだから片寄っているのだというほどに、才能のある物書きではない。いずれにしろ、私の考えを皆にすすめるのは気が引ける。すなわち、私は体を酷使してまで体を鍛えようとは思わない。酷使して体を鍛えたり、強い意志を持って健康を維持するのは、七十歳辺りまででいいのではないかと考えている。呑みたいものも呑まず、食べたいものも食べず、眠りもせずに体を酷使してスリムになろうとも、長生きをしようとも思わない。快適に暮らしつつ、ある日自然に倒れてあの世に出かけたい。

私の場合、苦しまず、痛くならず、努力せずに自然に生きられるだけ生きて「ぴんぴんころり」と逝きたいと思う。虫のいい考え方である。神は私のような不遜な考え方をする男に、罰として長い療養生活を強いるのかもしれない。これは困るのだが、さりとてこの年になって、今さら仙人のように清廉、清貧に生きて神様に好かれようとも思わない。

ところで、私は出張で老人ホームの外に出ない限り、毎日、朝の健康体操に参加している。健康で長生きしたいためというより、体操すると一日の調子が快調のような気がするからである。すなわち私にとって朝の体操さえも自分の快楽のためである。

このような、私の考え方の行きつくところは、ガンを宣告されても私は手術はしないという考え方である。ガンの手術をするならば七十三歳辺りまでで、それ以後は成り行きで死んでいくというのが持論である。七十三歳という数字に科学的根拠は一切ない。七十代の初めならガンと闘う気力も体力も残されている気がするが、逆に、七十代も半ばになってしまえば、ガンにいたずらに抵抗すれば死期を早めてしまう気がする。私の持論は、七十代半ばからはガンには無抵抗主義だということである。

病魔の跳梁を苦々しく思いながらも、完全に蹂躙しつくされるのをただじっと待つということである。末期になってガンの痛みが出てきたら、痛みに耐えるのは嫌だから、麻薬でも何でもどんどん使ってもらって、痛みを取り除いてもらい、死を待つのである。

偉大な芸術家や科学者なら、手術でも何でも受けて、生き返り、最期の命つきるまでガンとの闘いをやめずに人類に貢献することも意味がある。私のような三流の文章職人は、生きて医療費の無駄遣いをしないで、一日でも早く土に帰って植物の肥料になるというのが神の心にかなっている。

第十章

上手に暮らす心の持ち方

伊東市鳥のイソヒヨドリ（円内）
ゆうゆうの里の居室の一例（中央）

のびのびと生きる

老人ホームに入居したということは、自らの晩年を見据えたということである。極論すれば死ぬ覚悟を定めたということでもある。老人ホームに入居したその日から、残された命、すなわち余命を悔いなく生きることである。

ホームでの生活がストレスになったり、悩んだり、不快に思って日々を過ごすのでは自立型老人ホームに入る意味が半減する。

人間、持って生まれた「性質」があるから、口で言うようには、なかなか自分を律することはできない。生まれつき、小さなことにくよくよしたり、気を病んだり、あるいは周囲の人に合わせるのが苦手だったりという人がいるものだ。

老人ホームの入居者は過去にどんな暮らしをしてきたのか、各自それぞれの経歴をお持ちだが、ほとんどの人は仕事を持って生活してきたはずである。仕事社会に住んでいたということは、長い間多くの人と交わり、接触してきたということである。

仕事には、複雑な人間関係が存在していたのは確かである。仕事を推進する上で、多数の関係者と調和し、向かい合い、人間関係の難しさを切り抜けてきたわけだから、本来、人間関係がストレスになったり、苦痛になったりするはずがない。

今まで人間社会で暮らしてきたのだから人間関係から遠ざかりたいという人はいるかもしれない。しかし、老人ホームに隠遁生活を求めて入居してはいけない。老人ホームは老いたものの集落ではあるが、世捨て人のコミュニティーではない。あくまでもよりよい終末の実現のために身を寄せた安らかな終の住みかである。

安心の終末を求めて入居したのに、そこの生活がストレスになったり、苦痛になったのでは意味がない。

そもそも人間生活というものは、周囲の人の暮らしに入り込まない、離れすぎないというのが鉄則である。例え親友でも、兄弟姉妹であっても、親子であっても、あまり深く入り込まない、と、言って、離れすぎない付き合いが大切である。少し冷たい言葉だが、付かず離れずの関係が大切なのである。

もともと人間というのは孤独で淋しいものだ。だから、お互いにいたわりあい、慰めあうことが必要なのだ。いたわり、慰めるということは相手の中に深く入り込むことではない。相手と運命を共有したいと思うほどに深く相手に入り込むのは、燃え盛っているときの恋人同士くらいのものだ。

周囲に人間が居なくても生きて行けるかもしれないが、居たほうが淋しくないと考えることだ。人間はみんな淋しいのだから、やさしく接しなければならないと考えることで、相手に対して素直な気持ちで接することができる。

本書でも何度も述べているが、老人ホームには人間関係の上下は存在しない。老人という共通項で括られた人たちの村である。

身分も、学歴も、知力も、財力も問われることのない社会である。優越感も劣等感も無用な集落である。比較されるものがあるとすれば、年齢と体力であろう。年齢より若く見える人がいると、「あの人にはかなわないな……」と思ったり、年齢の標準を超える体力の持ち主に対しては羨望と尊敬を覚える。それ以外には引け目を感ずる必要がない。

老人ホームの生き方で進めたいのは「自然体」ということだ。気取りも過度の謙遜も無用である。肩をいからせることも、縮こまって生きる必要もない。あるがままの姿で生きよということだ。できれば寛容で、心静かな生き方をおすすめしたい。

絶えず他人の欠点ばかりを探す人もいないではない。絶えず不満を言い散らしている人もいる。怒りをそちこちにぶちまけて過ごす人もいる。そのような人は、心がざわめいている人たちだ。心がざわめくというのは、絶えず動揺したり、傷ついたり、焦燥を感じながら生きているということだ。

心のあり方はいつも、静かでナイーブであるように心がけるべきだ。目が覚めたら、今日のスケジュールが頭をよぎり、その思いがときめきとなって、生きる張りになるようでなければならない。

せっかく老人ホームに入ったのに、悲しみや怒りや、憎しみにとらわれて生きるのはつまらない。残る余生を心にわだかまるものを持たずに生きていくように心がけるべきである。感情の動物である人間が老境に入ったからといって、高僧のような心境になれというのは無理な注文かもしれない。なかなか凡庸な人間には難しい注文である。しかし、私はそのような心がけで生きようと努力している。

本来、私は感情的であり、気分屋で、自分をコントロールすることが不得手な男であるが、自分の中に心を乱すような気配が生まれたら、即座に意識の外に追い出すようにしている。こんな難しい芸当もやろうと思えばできるものである。私のような人間ができるのだからほとんどの人ができるはずだ。

他人を憎まず、さげすまず、恐れず、羨《うらやま》まない。
明日のことを、くよくよと思い煩《わずら》うことをせず、悩まず、悲観しない。
過去のことは、懐かしめども悔やまない。
今の境遇を是として、最高に楽しむ工夫をして過ごすということだ。

プラス思考の実践

以上私が述べてきたことは、言い換えると「プラス思考」ということかもしれない。要するに前向きに物事を考えるということだ。
自分の終末について思考することは、マイナス思考ではないかと、ミーティングのときに反論されたことがある。その疑問に対して「人間に終末が訪れるというのは真理である。その真理をしっかりと見つめることはプラスの思考そのものである」と私は答えた。すなわち己の終末に目を凝らして生きるということは前向きな生き方である。そういう意味で老人ホームに入居することを選んだ人たちはプラス思考の持ち主と言えないこともない。少なくとも、プラス思考ができる性向を持っていることになる。

老人ホームに入居したら、後ろ向きの発想はやめて前向きに生きるべきだ。一つの困難に出会っても、それを悲観的にとらえるのではなく、困難を解決する努力が生きる活力になるという生き方だ。

「もうだめだ」と考えるのではなく「ひとつやってみよう」というふうに意識を切り替えることだ。

人間を嫌いな人も確かにいる。人間は善と悪の両面を持っている。人間嫌いの人は、他人の悪の面だけが目につくのだ。「ああ、そんな人間とつき合いたくない……」と考えるあまり、人間嫌いになるのである。私にはそんな人を見るにつけ、自分の悪は棚に上げて他人の悪に失望しているようにしか見えない。意地悪な人にも優しい面がある。その優しさを見つけてあげてその人を認めてやることが大切だ。意地悪な人とでもつき合えと言っているわけではない。許してやれということだ。許すことで気持ちが大らかになり、自分の心が静かになる。

この世の中には美しきもの醜きものがたくさんある。マイナス思考は醜きものだけが心を占めるのである。プラス思考は醜きものの存在を認めながらも、美しきものを積極的に見つめようということである。

光と影の現象に、つい影に目が向いてしまうのがマイナス思考だ。プラス思考は光の当たる部分を積極的に見つめようとすることだ。

物事に陽と陰が存在するのは一つの真理なのだ。陰の存在も真理だが、陽の気をみなぎらせて生きることがプラス思考の実践ということだ。

老いて行く日々は貴重な時間である。勉強しようという前向きな姿勢もプラス思考であるが、陽気に遊び暮らすというのも老人ホームではプラス思考である。

私が仕事を抱えているのはプラス思考のためだが、多忙なのに遊びに熱中するのもプラス思考である。

引っ込み思案はマイナス思考。　でしゃばりはプラス思考。

勤勉はプラス思考。　怠惰はマイナス思考。

無為はマイナス思考。　多忙はプラス思考。

好奇心はプラス思考。　無関心はマイナス思考。

人嫌いはマイナス思考。　人間好きはプラス思考。

……ほかにもプラス、マイナスの思考はたくさんある。もちろんのことだが、実際、人生は、数学のようにプラス、マイナスと、単純明快に割り切れるものではない。

あちら社会の仕事の第一線にいるときには、私も、羨望や嫉妬、愛憎、挫折、悲嘆……、さまざまな思いに翻弄されながら生きてきた。全く先の見えないところに立たされたこともある。闘うことは嫌いな性質だが、闘わざるを得なかったこともある。

しかし、それらの事柄は全て遠い日の出来事ではないか。老人ホームにはそのようなしがらみを全て脱ぎ捨てて入ってきたのである。

人におとしいれられる心配もないし、人を蹴落としてまで突き進む必要もない。老人ホームは、人生の嵐や荒波を乗り切って、やっと停泊した永遠の港である。もう、自分に吹きつける無情の風もなければ、守らなければならない家族がいるわけでもない。出世も栄華も全ては過去の物語である。次にこの港を出るときは、それこそあの世に向けての旅立ちである。

次の出港までのしばしの期間、いかに心静かに楽しく暮らすかということである。

のびのびと、静かな気持ちで、遊びにうつつを抜かして生きることが何よりだ。だれに束縛されているわけでもない。だれに何かを強要されているわけでもない。だれのために生きなければならないということもない。心底自由である。

このように、のびのびと生きることで、ストレスがなくなり、逆に思考力が衰えることを心配する。人間は多少のストレスは抱えていたほうがいいのだ。私は些細な仕事をしているので締切りなどのストレスがある。これは私にとって、適度な頭の体操になっていると思う。

あちら社会にいるときは、目覚めてすぐに、仕事の打合せ、会議、仕事の進捗《しんちょく》状況、連絡事項、仕事の方法などが脳裏をよぎったものだ。

あちら社会では、その日処理しなければならないものの中には気の重くなるものがあった。神経を磨り減らす生活が体によいはずがない。

老人ホームには何かを処理しなければならないという責任も重荷もない。人によっては、クラブ活動の俳句の締切りだとか、診療所に薬の処方を依頼しに行かなければならないとか、食堂に一週間分の食事の申し込みをしなければならないとか、瑣末的な気がかりがあるかもしれないが、これは逆に適度なストレスになって老化の防止になっているのだ。

私は目覚めてすぐに頭に浮かぶのはその日一日の老人ホームのスケジュールである。私は、目覚めて「今日は麻雀の日だ……」という思いが脳裏を過ぎると、心が浮き浮きしてくる。「あっ今日はカラオケの日だ……」という思いが心のへりをかすめると、何とも言えない楽しい気分になる。

そのような特別なことがなくても、「夜には巨人阪神戦のテレビ放映がある」ということで、気分が明るくなることもある。何とも、単純な頭脳で汗顔のいたりだが、老人ホームでは、日々の生活の中にこのように、自らの気持ちが浮き浮きするような目的を持つことが大切だ。

住人の中にはいろいろなクラブに参加して、毎日のように忙しく生きている人もいる。例えば、私の例だが、月初めに診療所に定期検診と薬の処方、第一月曜日の一時半からカラオケ、第一週の水曜日に地元の句会、毎週木曜日には麻雀、第三週目の火曜日はホーム内の句会、第一土曜日と第三土曜日にホーム内映画会。映画は懐かしい洋画や黒澤明作品、男はつらいよ（ふうてんの寅さん）などを観ることがある。

この合間に仕事をしたり、上京して打合せをしたり、俳句をひねったりする。上京の日程を二泊三日にすると、結構多忙で、不安も孤独も入り込む隙がない。

仕事、仕事と大層に聞こえるが、私は文豪でも大作家でもない、B級グルメならぬB級作家であり、駄文、雑文の職人である。したがって私は大した仕事をこなしているわけではない。私の仕事程度なら、老化防止に大いに役立つのである。

社会的に責任のあるハードな仕事は、老人ホームには引きずってこないことが賢明である。のびのびと暮らすために、よい刺激を受けるための仕事なら大いにすすめるが、身を削り、心労をため込むような仕事ならやめたほうがいい。

それこそ大芸術家や学者が、ライフワークのために仕事をこなすためには老人ホームは最適だが、それにしては空間が少し狭い気がする。資料の置き場がないのが欠点である。欠点も何も、老人ホームは仕事の場所ではなく、快適な暮らしを存分に満喫し、自らの人生に幕を引くための場所である。最初から資料の置き場など無用なのである。

小さな不満はその場で捨てる

どんなに心地いい場所にいても、不満がゼロということは少ない。人間は贅沢でわがままだからである。サービス最高、料理満点のホテルに泊まっても、小さな不満は感じる。ましてや老人ホームは五つ星のホテルではない。常時、小さな不満は感じるはずだ。私だっていろいろと不満を感じることはある。

大きな不満なら、訂正できるものは訂正してもらい、居心地よく改正してもらわなければならない。その不満が居住者全ての不満なら、なおのこと直してもらわなければ、老人ホームの信用失墜につながる。

しかし、小さな不満は無視したり、忘れたり、意識して捨てさることも大人の知恵である。見ていると小さな不満を絶えず口にする人がいる。その不平居士から、その不満を訊いてみると、生活をする上でさしたる弊害とも言えないような不満にこだわっているのである。私から言わせれば、「そんなことが不快なんですか?」と訊きたくなる。

小さな不満は人間は至る所で遭遇する。歩いていても、電車の中でも、食事をしていても、遊んでいても、小さな不満はどこにでも転がっている。人間関係でも同じである。皆と談笑していても、親友と話していても、妻や娘と話していても、不満を感ずることがある。些細な不満に心を釘付けにされたら、のびのびとした晩年は過ごせない。

絶えず不満を感じていたら、しまいには不満にがんじがらめになって索漠とした生涯になってしまう。

絶えず不満を感じる人は、小さなことにとらわれやすいデリケートな神経の持ち主が多い。それは、天性の感受性なのだろうが、老人ホームに入ったら、小さな不満にとらわれないことも生活の知恵である。

老人ホームのみならず、老齢になったら、小さな不満からは超越して生きるという心構えを持つことが必要だ。

不満が生まれたらすぐその場で不満の芽を摘み取ってしまうことだ。すなわち、不満を内にため込まない生き方をすることが大切だ。

楽天的という言葉にはその人を揶揄するような響きがある。楽天家というのは、現実の深刻さや未来の不安に鈍感な人というようにも聞こえる。しかし老人ホームには深刻な現実が存在するはずもないし、将来に不安が横たわっているわけでもない。

むしろその逆のはずだ。深刻な現実を回避するために老人ホームに入ったのであり、それは取りも直さず、未来の不安を払拭するためでもある。老人ホームの入居の目的から言って、来る日も来る日も大いに楽天的に生きてこそ、老人ホームへ入居した意味もあるというものだ。

老いることを恥ずかしがるな

老いは自然の摂理であって、自分の責任で老いたわけでもなければ、神より与えられた罰によって老いたわけでもない。生きとし生けるもの、すべてが平等に年を重ねて老齢に至るのである。

老齢になると心身ともに劣化がきて、物忘れがひどくなったり、足腰が弱ってよぼよぼしてきて、思うようにならない。老いるということは、悲しみであるし苦しみでもある。この苦悩は努力によっても如何《いかん》ともしがたい。老いは人間にとって宿命である。

老いることで現れる醜さがある。容姿は衰え、腰が曲がったり、髪の毛が薄くなったりする。老いるということは、脳や肉体の機能が劣化していくことでもある。宿命なのだから誰を恨むわけにはいかない。通常ならつまずかないものにつまずいて転んだり、日毎に力が弱まっていき、遠くまで歩くことができなくなったり、重いものが持てなくなったりする。

肉体的な衰えだけではない。脳も歳月とともに衰えていく。物忘れ、倦怠感、極度に忍耐力が落ち込んだり、中には怒りっぽくなったり、涙もろくなったりする人もいる。

極論すれば老人ホームの入居者は、このような現象を体験しつつ、老いてゆく時間と向き合っているのである。体力や気力や脳の劣化には個人差があるが、それも時間差の問題であって、みんな同じように老化に向かって歩み続けているのである。

老人ホームに住む人たちの共通点は、全ての人が、「老人」という弱者だということである。「老人」という立場には差別も上下もない。だれもが老いの悲しさに耐えている人ばかりである。老人ゆえに持っている弱さや醜さを少しも恥ずかしがることはない。

老いてゆく己の姿を静かな心境で見つめ、老人としての弱さや醜さを肯定して暮らしていくことだ。老いることに一喜一憂していたのでは、老人ホームに入居した意味が半減される。

あちら社会で暮らしていると、若い人、中年の人、年寄りなどと世代別で括られたり、比較されたりする。若い人に混じって暮らしていると、年寄りゆえに無様な姿をさらすことで、みじめになったり、羞恥を感じることもある。老人ホームでは老いているということで孤立することはない。

老人ホームは、年寄りだけの集落である。自分の弱さをさらけ出して生きても、だれに引け目を感ずることもないし、羞恥を感じることもない。

ただ、その代わり、あちら社会とは違って年寄りであることの特別扱いもない。プロの職員によって、日常生活が見守られ、手を貸してはもらえるが、特別に自分だけが甘えてもいいということにはならない。

集落の中の一住人として、周囲の仲間と調和して生活し、住民としての責任と義務を果たしつつ生活していくということになる。年寄りなのだからという安易な思いは捨てなければならない。全ての人が年寄りであり、自分だけは特別ということはない。

ただ、老人ホームといえど、長幼の序という礼儀は忘れてはならない。だれもが、年上の人に対して敬意を払うのは当然のことである。

［著者略歴］

菅野　国春

（かんの　くにはる）

作家・フリーライター・
出版プロデューサー

昭和 10 年（1935）岩手県生まれ。国学院大学卒業。編集者、雑誌記者、編集プロダクション経営などを経てペン一本の生活に入る。文章職人として小説、エッセイ、論文、実用書、歴史、漫画原作、スポーツ紙コラム、広告コピー……と、あらゆる文章を書いて現在に至る。

［主な著書］「小説霊感商人」（徳間文庫）、「もう一度生きる――小説老人の性」（河出書房新社）、「夜の旅人――小説冤罪痴漢の復讐」（展望社）、「夕映え剣士―小説沖田総司」（春陽文庫）、「忍者風林火山」（冬至書房）、「純金商法狂詩曲」（出版科学総合研究所）、「愛についての銀齢レポート」（展望社）、「あなたの本を出版しよう――上手な自費出版のやりかた教えます」（展望社）、「名作にみる愛の絆」（菅野ペンオフィス編著・展望社）、「B 級売文業の渡世術――七十六歳、現役ライターは獅子奮迅」（展望社）、「言葉の水彩画」（三交社）、「奇跡パワーは超人力をつくる」（マネジメント社）、「20 兆円産業の 6 人のニューリーダー」（ジャテック出版）、「死にざまの研究」（白門出版）、「フリーランサー遊泳術」（白門出版）、「神と霊の声を告げる人々」（出版科学総合研究所）、「老人ホームの暮らし 365 日」「通俗俳句の愉しみ」「心に火をつけるボケ除《よ》け俳句―脳力を鍛えることばさがし」（展望社）、「ふうてん剣客」「巨大詐欺」（メトロポリタンプレス）ほか、スピーチ入門書、ビジネス書、宗教・心霊関係書などの著書多数。

老人ホームのそこが知りたい

有料老人ホームの入居者がつづった暮らしの10章

2015年8月24日　初版第1刷発行

著　者　菅野国春
発行者　唐澤明義
発行所　株式会社 展望社
〒112-0002
東京都文京区小石川3丁目1番7号　エコービル202号
電話　03-3814-1997　Fax　03-3814-3063
振替　00180-3-396248
展望社ホームページ　http://tembo-books.jp/

印刷所
製本所　株式会社ティーケー出版印刷

ISBN978-4-88546-302-0

菅野国春 老人ホームの暮らし365日第一弾！

老人ホームの暮らし365日

住人がつづった有料老人ホームの春夏秋冬

ホームではどんな暮らしが繰り広げられているのか

体験者の教える貴重な暮らしの心得満載。

本体価格 1600円（価格は税別）

――《目次》――